KB186214

중학교
편
영어로
수업받자
Classroom in America

영어로 수업받자 - 중학교편
Classroom in America

초판 1쇄 찍음 2009년 1월 23일
초판 1쇄 펴냄 2009년 1월 30일

지은이 미사 나카타니
옮긴이 모주희
펴낸곳 도서출판 이비컴 **펴낸이** 강기원 **기획진행** 김현호 **디자인** 김희정 · 유재헌 **일러스트** 유재헌 **마케팅** 김동중 · 이은미

주소 (130-811) 서울 동대문구 신설동 97-1 302호 **대표전화** (02)2254-0658 **팩스** (02)2254-0634
웹사이트 www.bookbee.co.kr **전자우편** help@bookbee.co.kr
등록번호 제6-0596호 **등록일자** 2002.4.9

ISBN 978-89-6245-012-5 53740

값 13,000원

파본이나 잘못 인쇄된 책은 구입하신 서점에서 교환해 드립니다.

이 도서의 국립중앙도서관 출판시도서목록(CIP)은 e-CIP홈페이지(http://www.nl.go.kr/cip.phd)에서 이용하실 수 있습니다. (CIP제어번호: CIP2009000142)

미국 현직 중학교 교사가 직접 가르치는 영어수업

중학교 편

영어로 수업받자

Classroom in America

지은이 | Misa NAKATANI

선생님 | James C. McCurrach
Jane Ardell
Kelly Taggart Scavullo

Contributor/editor | Tarney Baldinger

이비톡 talk
eBeecomm publishing

Preface

여러분은 어떤 방법으로 모국어를 배우셨나요? 자신이 모국어를 어떻게 습득했는지 명확하게 기억하는 사람은 없지 않을까요? 우리들은 모두 부모님이나 형제들과 주고받는 대화, 텔레비전이나 영화에서 듣고 기억하게 된 말, 학교에서 선생님이 말하는 이야기 등을 들으면서 나 자신도 모르는 사이에 모국어를 배우게 된 것입니다. 이런 현상은 어떤 모국어이건 그 언어에 관계없이 동일합니다.

제가 미국 대학에서 수업을 받으면서 '아하, 역사에서는 이런 영어 표현을 쓰는구나', '수학 방정식을 영어로는 이런 식으로 설명하는구나' 라는 새로운 발견을 하고는 놀란 적이 있습니다. 이런 경험을 계속하다 보니 이 기쁨과 즐거움을 조금이나마 독자 여러분들과 나누었으면 좋겠다는 생각을 했습니다. 미국의 학생들도 우리 학생들과 마찬가지로 학교 수업을 통해 각 과목에서 사용하는 단어와 용어, 그리고 그 분야의 표현 등을 자연스럽게 익혀갑니다. 학교 교육이 교과의 지식만을 전달하는 것이 아니라 어휘력을 풍부하게 형성시키는 데에 큰 역할을 한다는 사실을 다시 한 번 실감했습니다.

어떤 교과의 어느 주제를 선택할지, 그리고 교재와 CD만으로 실제 영어수업을 재현한다는 것이 상당히 어려운 일이긴 하지만, '미국에서 실제로 이루어지는 수업을 그대로 재현하자' 라는 생각이 이 책을 만들었습니다. 각 교과목의 학습지식과 함께 미국 현지의 수업은 어떻게 하는지, 분위기는 어떤지, 표현은 어떻게 하는지 등을 배울 수 있도록 구성했습니다.

바쁜 스케줄 속에서도 수업 교재를 집필해 주시고 녹음에 협력해 주신 James C. McCurrach, Jane Ardell, Kelly Taggart Scavullo 세 분 선생님에게 감사를 드립니다.

미사 나카타니

Comments

최근 들어 더욱 영어의 중요성을 강조하면서 초중고에서 영어수업 확대 및 영어몰입수업을 실시하자는 정책들이 나오고 있지만 현행 학교 교육 현장에서 전면적으로 이를 실시하기에는 많은 어려움이 산적해 있다. 마음만 앞설 뿐 제반 여건이 성숙하기까지는 많은 시간이 필요한 상황이다. 제도권 교육이 정상궤도에 오르기까지 기다리는 것이 좋겠지만, 현실은 이런 상황을 외면할 수밖에 없다.

학교 현장에서는 공교육과 인성교육을 논하지만 자신이 원하는 상급학교로 진학하기 위해서는 극히 소수를 제외하고는 학교 영어 공부로만은 어림도 없다. 이런 현실 속에서 학부모와 학생들의 내적 욕구는 영어의 굴레에서 벗어날 수만 있다면 각종 사교육, 영어캠프, 단기어학연수, 조기유학 등등 어떤 방법이라도 동원하고 싶은 생각뿐이다.

그동안 영어 교육에 긍정적인 많은 변화가 있어 왔지만, 아직도 우리의 영어학습 형태는 영어 생활에 필요한 의사소통 능력 및 영어 학습에 필요한 각 과목별 중요 표현 및 체계적 단어 실력 함양을 배제하고 기존의 가르치기에 익숙한 영어 학습 틀만을 강요한다. 즉, 초등 놀이영어에서 중학생이 되면 현실은 바로 문법영어로 전환한다. 따라서 영미권의 중학생 수준 이상의 어려운 표현 및 단어에는 익숙하지만, 영미권의 초등학생들이 배우고 쓰는 단어 및 표현에는 아주 취약한 모습을 보인다. 영어에 관한 표현 및 단어를 체계적으로 배우지 못했기 때문에 TOEFL 고득점을 맞은 사람도 초중등 관련 교과목의 표현 및 단어를 모르는 경우가 비일비재하다.

이러한 현행 영어학습에 대한 새로운 방향성을 제시함과 동시에 학생들이 효과적으로 영어학습 및 영어몰입수업을 받을 수 있도록 미국 중학교 각 과목별 필수 표현 및 학습에 대한 책을 펴낸다. 끝으로 이 책을 통해 여러분의 영어 공부에 대한 방향 설정과 살아 있는 영어 실력이 한층 더 발전하기를 기원합니다.

Teachers' Profile

James C. McCurrach :

James C. McCurrach was born in Brooklyn, New York and is a graduate of Brown University, Providence, Rhode Island. He is currently a teacher of History and Geography at the Woodside International School in San Francisco, California. Before moving to California in 1992, he was a teacher at the Nauset Regional Elementary school in Eastham, Massachusetts. Prior to entering the teaching profession, he was a Vice President of the Bankers Trust Company in New York City. Early on he was a professional racquet player (tennis and squash racquets) and over the years maintained a top ten national ranking (squash). He is a member of Marquis Who's Who in the East and was recently elected to Who's Who among American Teachers.

제임스 C. 맥커러 :

뉴욕 브루클린 출생. 로드아일랜드 주 프로비던스에 있는 Brown University 졸업. 현재는 캘리포니아 주 샌프란시스코의 Woodside International School에서 역사와 지리를 가르치고 있다. 1992년에 캘리포니아로 이주, 그 이전에는 매사추세츠 주 이스트햄에 있는 Nauset Regional Elementary School에서 근무했다. 교사가 되기 이전에는 뉴욕의 Bankers Trust Company에서 부사장을 역임했다. 테니스와 스쿼시는 프로급이어서 오랜 기간 동안 스쿼시 전미(全美) 랭킹 톱10에 이름을 올렸다. Marquis Who's Who in the East(동부 지역 저명인사 인명잡지)에 그의 이름이 수록되어 있으며 최근에는 전미 교사 저명인사록에도 뽑혔다.

I say the same thing to all of my students at the beginning of each academic year:
"Enjoy and learn as much as you can for you will always be glad of every effort you make."

저는 매년 수업 첫 시간에 똑같은 이야기를 합니다.

"배우는 것을 즐기며 가능한 많은 것을 배우세요. 미래에 자신이, 최선을 다한 모든 노력에 대해서 후회 없다고 반드시 생각하게 될 것입니다."

Teachers' Profile

Jane Ardell :

Jane was born and raised in California and lives in San Francisco where she teaches middle school. She is currently teaching math, history and debate to sixth graders. Jane received her Bachelor of Arts degree in history from the University of San Francisco and her Master of Arts degree in education from San Francisco State University. When not attending classes to further her education, she is traveling to new parts of the world to learn about other cultures. Jane has recently begun traveling to Asia, with her first visit to Japan in the summer of 2005.

제인 아델 :

캘리포니아 주에서 출생하여 자랐다. 현재는 샌프란시스코의 중학교에서 수학과 역사를 가르치면서, 초등학교 6학년의 debate class도 담당하고 있다. University of San Francisco에서 문학사(Bachelor of Arts)를 취득 후에 San Francisco State University에서 문학학사(Master of Arts)를 취득. 현재에도 계속 대학에서 공부하는 한편, 이문화에 대해 공부하고 있어 미지의 곳을 여행하고 있다. 최근 2005년 여름에는 처음으로 일본을 방문하는 등 아시아 여행을 시작했다.

Teachers' Profile

Kelly Taggart Scavullo :

Kelly Taggart Scavullo has been an educator for eight years. She graduated from UC Santa Cruz in 1997, with a bachelor's degree in Environmental Studies. She began teaching in California's redwood forests as an outdoor educator, and then earned a credential in the concrete jungle of San Francisco, where she has been teaching ever since. Kelly especially enjoys working with adolescent youth, because they're wacky and interesting at the same time. She holds a multiple subject teaching credential, with a supplementary authorization to teach science. In addition to teaching language arts and science, Kelly also works as a health liaison to encourage healthy behavior, teach tolerance, and promote school safety. Kelly is also an advocate for best practices in classroom management and school wide behavior. Kelly enjoys dancing, reading, cooking, and learning foreign languages (or at least a few words!).

켈리 타거트 스카불로 :

교사 경력 8년. 1997년 University of California, Santa Cruz 학교 졸업, 환경학 학사학위 보유. 캘리포니아 세코이아 숲에서 야외활동 교육 전문가로서 교사를 시작, 후에 대도시 샌프란시스코에서 교원자격증을 취득했다. 이후 샌프란시스코의 학교에서 교편을 잡고 있다. Kelly 선생님은 특히 10대 아이들을 가르치는 일이 가장 즐겁다고 하는데, 그 이유는 "그 연령의 아이들은 엉뚱하면서도 매우 흥미 깊은 존재라서"라고 한다. 복수 교과목 교원 자격증과 과학 교원 보조 자격증도 보유. 현재는 영어와 과학을 가르치는 이외에도 학생들에게 건강한 생활태도를 장려하고, 관용을 가르치며, 학교 내의 안전을 촉진하는 활동에도 관여하고 있다. 취미는 댄스, 독서, 요리, 외국어 배우기(몇 마디만 할 수 있더라도!)

Kelly was very excited to work on this project and hopes that readers will learn and have fun at the same time. She looks forward to future opportunities to teach and learn from others.

"이 프로젝트는 매우 즐거웠습니다. 독자 여러분이 영어를 배우고,
이 교재를 즐겨 이용해 주었으면 합니다."

Contributor/Editor

Tarney Baldinger :

Tarney Baldinger attended Stanford University and the University of California. She believes that good teaching is based upon love and respect: love causing the teacher to work hard for the students, and respect demanding the students strive for a high standard. Mrs. Baldinger has taught preschool through 12th grade, including English as a second language.

타니 발딩어 :

Stanford University와 University of California에서 수학. 좋은 교육은 애정과 존경이 기본이라 믿음. 학생을 위한 교사의 애정은 학생들을 좀 더 열심히 가르치게 해주며, 학생에 대한 존경이 학생의 능력을 끌어올릴 수 있게 해준다. 유치원에서부터 고등학교에 이르기까지 폭넓은 교육 경험이 있으며, 영어를 제2외국어로 하는 학생들을 가르친 경험도 있다.

Mrs. Baldinger advises English learners; Use every opportunity to listen to people speaking on American radio and TV. Listening to popular music is not such a good idea, as much of the language is very trendy and will soon go out of style, and the language use is at a low level. Do not try to use slang expressions or jargon. You will sound ridiculous if they have done out of style, which they probably will have by the time you learn them. Use good, clean grammatically correct language and you will always be respected.

발딩어 선생님은 영어를 공부하는 사람들에게 다음과 같이 충고합니다.

"미국 라디오와 텔레비전의 아나운서와 등장인물들이 말하는 영어를 참고하세요. 팝송으로 영어를 공부하는 것은 그다지 좋은 생각이 아닙니다. 팝송에서 사용되는 표현은 유행에 따른 것으로 바로 시대의 뒤쳐지게 되고 그다지 품격 있는 표현이라고 할 수 없기 때문입니다. 슬랭이나 일반적으로 사용하지 않는 전문용어, 업계용어도 사용하지 마세요. 그러한 표현이 이미 시대에 뒤떨어지게 되었을 경우(대부분은 바로 시대에 뒤떨어지게 됩니다) 상대방은 여러분의 이야기를 진지하게 받아주지 않을 것입니다. 문법적으로 올바르고 명확한 정통영어를 사용한다면 지성 있는 사람으로 항상 존경받을 것입니다."

How to Use This Book

이 책에는 미국 중학교 교과의 핵심이 되는 각 단원을 미국 현직 중학교 선생님들이 직접 집필하고 강의한 내용이 담겨 있습니다. 수업 내용 이외에도 선생님이 설명하는 방식이나 사물을 인식하는 방법 등 미국과 한국의 문화적인 차이점까지도 같이 체험해 보기를 바랍니다.

이 책에서 다루는 수업 내용은 여러분이 이미 배웠거나 배울 것들입니다. 영어로 진행하는 수업이라서 처음에는 힘들겠지만 조금만 참고 STEP 01~04를 3번만 반복해서 학습을 하면 영어 수업에 자신감이 생깁니다. 꼭 이 방법을 실천해야만 자신의 것이 됩니다. 이 책의 각 교시별 구성 및 학습방법은 다음과 같습니다.

STEP 01
Vocabulary

각 교시별 수업에 꼭 필요한 단어와 용어입니다. 먼저 예습을 열심히 한 후 수업을 들으세요.

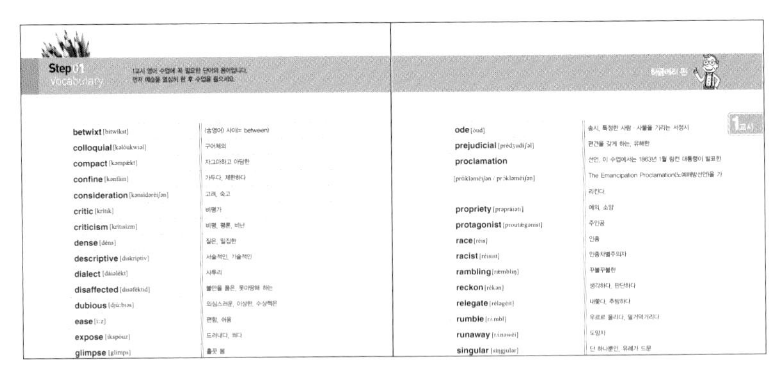

Step 01 Vocabulary

betwixt, colloquial, compact, confine, consideration, critic, criticism, dense, descriptive, dialect, disaffected, dubious, ease, expose, glimpse

ode, prejudicial, proclamation, propriety, protagonist, race, racist, rambling, reckon, relegate, rumble, runaway, singular

STEP 02
Listen & Write

각 교시별 수업 진행 순서와 받아쓰기입니다. CD를 통해 수업을 들으면서 오른쪽 페이지에 핵심 단어와 표현들을 적어 보세요.

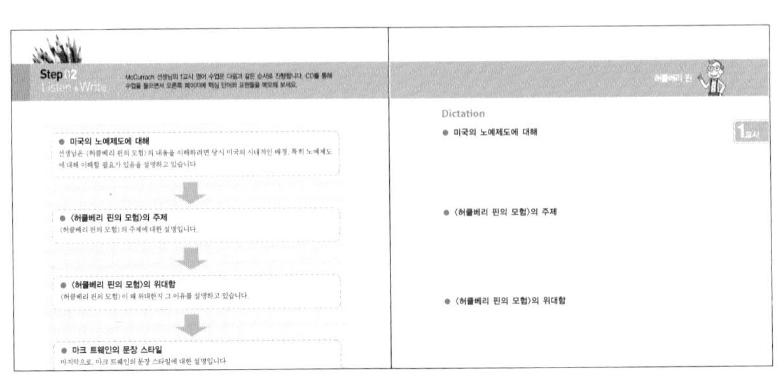

Step 02 Listen & Write

● 미국의 노예제도에 대해

● 〈허클베리 핀의 모험〉의 주제

● 〈허클베리 핀의 모험〉의 위대함

● 마크 트웨인의 문장 스타일

Dictation

● 미국의 노예제도에 대해

● 〈허클베리 핀의 모험〉의 주제

● 〈허클베리 핀의 모험〉의 위대함

STEP 03
Listen & Check

각 교시별 수업 내용의 핵심입니다. CD를 들으면서 수업 내용을 파악하세요.

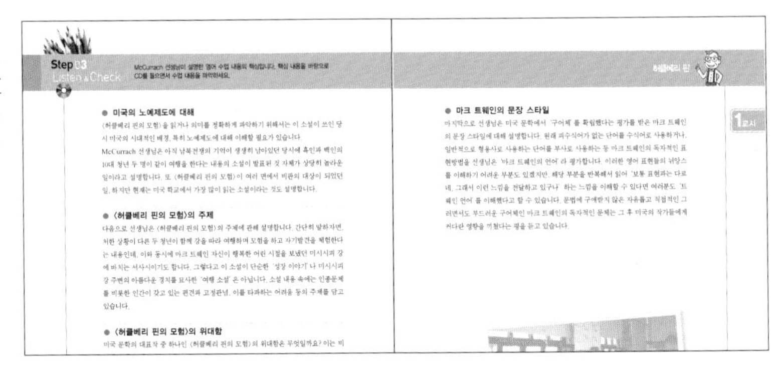

Step 03 Listen & Check

● 미국의 노예제도에 대해

● 〈허클베리 핀의 모험〉의 주제

● 〈허클베리 핀의 모험〉의 위대함

● 마크 트웨인의 문장 스타일

STEP 04

Listen & Review

각 교시별 선생님이 설명한 수업 스크립트와 해석입니다. CD를 통해 수업을 들으면서 단어 하나, 표현 하나까지 확인해가며 다시 한 번 수업 내용을 파악하세요.

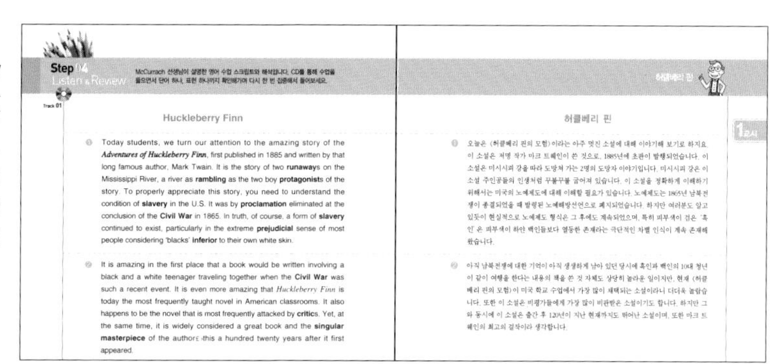

Step 04 Listen & Review

McCurrach 선생님이 설명한 영어 수업 스크립트와 해석입니다. CD를 통해 수업을 들으면서 단어 하나, 표현 하나까지 확인해가며 다시 한 번 집중해서 들어보세요.

Track 01

Huckleberry Finn

① Today students, we turn our attention to the amazing story of the *Adventures of Huckleberry Finn*, first published in 1885 and written by that long famous author, Mark Twain. It is the story of two **runaway**s on the Mississippi River, a river as **rambling** as the two boy **protagonist**s of the story. To properly appreciate this story, you need to understand the condition of **slavery** in the U.S. It was by **proclamation** eliminated at the conclusion of the **Civil War** in 1865. In truth, of course, a form of **slavery** continued to exist, particularly in the extreme **prejudicial** sense of most people considering 'blacks' **inferior** to their own white skin.

② It is amazing in the first place that a book would be written involving a black and a white teenager traveling together when the **Civil War** was such a recent event. It is even more amazing that *Huckleberry Finn* is today the most frequently taught novel in American classrooms. It also happens to be the novel that is most frequently attacked by **critic**s. Yet, at the same time, it is widely considered a great book and the **singular masterpiece** of the author⋯this a hundred twenty years after it first appeared.

허클베리 핀

허클베리 핀

1교시

① 오늘은 〈허클베리 핀의 모험〉이라는 아주 멋진 소설에 대해 이야기해 보기로 하지요. 이 소설은 저명 작가 마크 트웨인이 쓴 것으로, 1885년에 초판이 발행되었습니다. 이 소설은 미시시피 강을 따라 도망쳐 가는 2명의 도망자 이야기입니다. 미시시피 강은 이 소설 주인공들의 인생처럼 꾸불꾸불 굽어져 있습니다. 이 소설을 정확하게 이해하기 위해서는 미국의 노예제도에 대해 이해할 필요가 있습니다. 노예제도는 1865년 남북전쟁이 종결되었을 때 발령된 노예해방선언으로 폐지되었습니다. 하지만 여러분도 알고 있듯이 현실적으로 노예제도 형식은 그 후에도 계속되었으며, 특히 피부색이 검은 '흑인'은 피부색이 하얀 백인들보다 열등한 존재라는 극단적인 차별 인식이 계속 존재해 왔습니다.

② 아직 남북전쟁에 대한 기억이 아직 생생하게 남아 있던 당시에 흑인과 백인의 10대 청년이 같이 여행을 한다는 내용의 책을 쓴 것 자체도 상당히 놀라운 일이지만, 현재 〈허클베리 핀의 모험〉이 미국 학교 수업에서 가장 많이 채택되는 소설이라니 더더욱 놀랍습니다. 또한 이 소설은 비평가들에게 가장 많이 비판받은 소설이기도 합니다. 하지만 그와 동시에 이 소설은 출간 후 120년이 지난 현재까지도 뛰어난 소설이며, 또한 마크 트웨인의 최고의 걸작이라 생각합니다.

Further Study

각 교시별 수업 내용 심화 및 관련 분야 선행에 필요한 단어와 용어입니다.

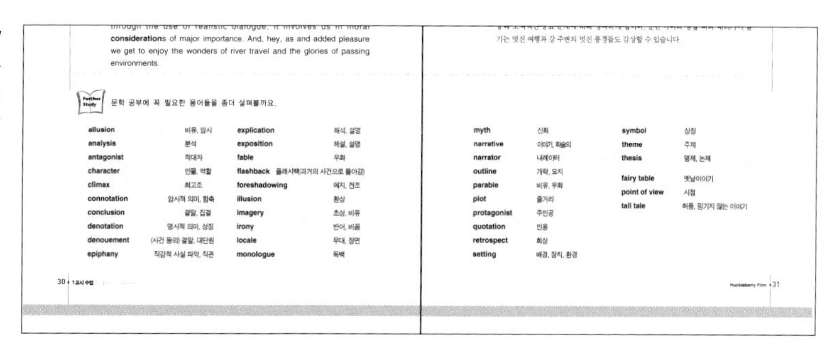

considerations of major importance. And, hey, as and added pleasure we get to enjoy the wonders of river travel and the glories of passing environments.

기는 멋진 여행과 강 주변의 멋진 풍경들도 감상할 수 있습니다.

Further Study 문학 공부에 꼭 필요한 용어들을 좀더 살펴볼까요.

allusion	비유, 암시	explication	해석, 설명
analysis	분석	exposition	해설, 설명
antagonist	적대자	fable	우화
character	인물, 역할	flashback	플래시백(과거의 사건으로 돌아감)
climax	최고조	foreshadowing	예지, 전조
connotation	암시적 의미, 함축	illusion	환상
conclusion	결말, 집결	imagery	초상, 비유
denotation	명시적 의미, 상징	irony	반어, 비꼼
denouement	(사건 등의) 결말, 대단원	locale	무대, 장면
epiphany	직감적 사실 파악, 직관	monologue	독백

myth	신화	symbol	상징
narrative	이야기, 화술의	theme	주제
narrator	내레이터	thesis	명제, 논제
outline	개략, 요지	fairy table	옛날이야기
parable	비유, 우화	point of view	시점
plot	줄거리	tall tale	허풍, 믿기지 않는 이야기
protagonist	주인공		
quotation	인용		
retrospect	회상		
setting	배경, 장치, 환경		

30 • 1교시 수업

Huckleberry Finn • 31

선생님의 비밀 노트

각 교시별 수업 내용의 핵심 포인트 체크 및 배경 지식을 알려주는 코너입니다.

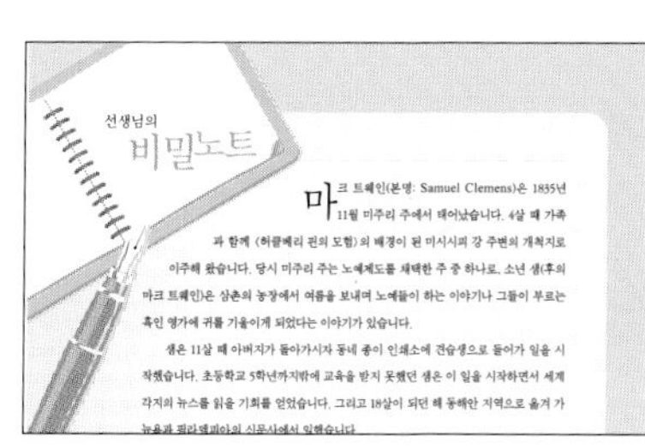

선생님의 비밀노트

마크 트웨인(본명: Samuel Clemens)은 1835년 11월 미주리 주에서 태어났습니다. 4살 때 가족과 함께 〈허클베리 핀의 모험〉의 배경이 된 미시시피 강 주변의 개척지로 이주해 왔습니다. 당시 미주리 주는 노예제도를 채택한 주 중 하나로, 소년 샘(후의 마크 트웨인)은 삼촌의 농장에서 여름을 보내며 노예들이 하는 이야기나 그들이 부르는 흑인 영가에 귀를 기울이게 되었다는 이야기가 있습니다.

샘은 11살 때 아버지가 돌아가시자 동네 좋이 인쇄소에 견습생으로 들어가 일을 시작했습니다. 초등학교 5학년까지밖에 교육을 받지 못했던 샘은 이 일을 시작하면서 세계 각지의 뉴스를 읽을 기회를 얻었습니다. 그리고 18살이 되던 해 동해안 지역으로 옮겨 가 뉴욕과 필라델피아의 신문사에서 일했습니다.

미국 중학교의 교육 시스템

알고 싶고 궁금했던 미국 중학교에 대한 자세한 정보가 실려 있습니다.

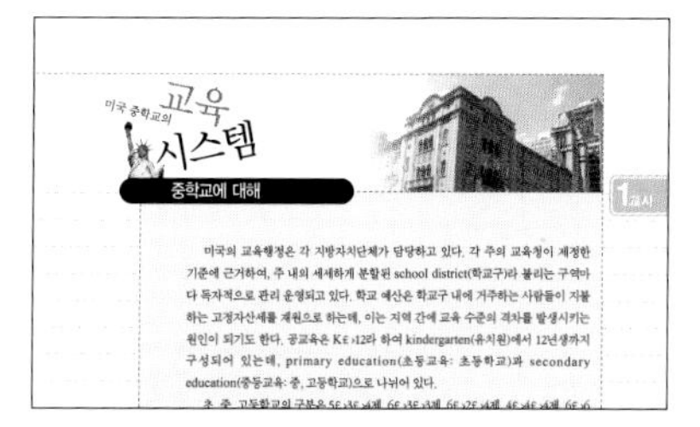

미국 중학교의 교육 시스템

중학교에 대해

1교시

미국의 교육행정은 각 지방자치단체가 담당하고 있다. 각 주의 교육청이 제정한 기준에 근거하여, 주 내의 세세하게 분할된 school district(학교구)라 불리는 구역마다 독자적으로 관리 운영되고 있다. 학교 예산은 학교구 내에 거주하는 사람들이 지불하는 고정자산세를 재원으로 하는데, 이는 지역 간에 교육 수준의 격차를 발생시키는 원인이 되기도 한다. 공교육은 K-12라 하여 kindergarten(유치원)에서 12년생까지 구성되어 있는데, primary education(초등교육: 초등학교)과 secondary education(중등교육: 중, 고등학교)으로 나뉘어 있다.

Homework

각 교시별 수업을 마친 후 학습 성취를 체크하는 코너입니다.

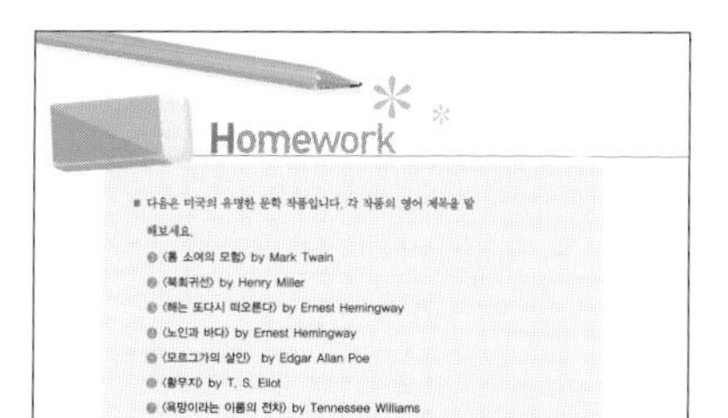

Homework

■ 다음은 미국의 유명한 문학 작품입니다. 각 작품의 영어 제목을 말해보세요.

① 〈톰 소여의 모험〉 by Mark Twain
② 〈북회귀선〉 by Henry Miller
③ 〈해는 또다시 떠오른다〉 by Ernest Hemingway
④ 〈노인과 바다〉 by Ernest Hemingway
⑤ 〈모르그가의 살인〉 by Edgar Allan Poe
⑥ 〈황무지〉 by T. S. Eliot
⑦ 〈욕망이라는 이름의 전차〉 by Tennessee Williams

Contents

English

1 교시 수업

English: Literature 영어-문학

1교시는 영어 독해 수업입니다. Mark Twain의 대표작 중 하나인 〈허클베리 핀의 모험〉에 관해 McCurrach 선생님이 설명을 합니다. 마크 트웨인은 미국 문학에서 colloquial speech (구어체)를 확립하고, 후대 미국 문학에 큰 영향을 끼쳤다는 평을 받고 있습니다.

〈허클베리 핀의 모험〉은 2명의 소년이 미시시피 강을 따라 내려가며 성장해 가는 이야기인데, 마크 트웨인은 유머와 사회비판, 미시시피 강 주변의 아름다운 자연에 대한 묘사도 삽입해 가며 기교 넘치는 화술과 현실감 있는 대화를 통해 강을 따라 내려가며 이루어지는 여행을 묘사했습니다. 출판 당시에는 여러 비판과 논의를 불러 일으켰지만, McCurrach 선생님도 말했듯이 현재는 미국 학교 수업에서 가장 많이 읽는 작품입니다. 마크 트웨인의 독특한 대화 표현 때문에 처음에는 듣기나 독해가 어려울 수도 있겠지만, McCurrach 선생님 수업의 경쾌한 리듬을 즐긴다는 생각으로 들어 보세요.

Huckleberry Finn
허클베리 핀

Teacher : McCurrach

Step 01 Vocabulary

1교시 영어 수업에 꼭 필요한 단어와 용어입니다.
먼저 예습을 열심히 한 후 수업을 들으세요.

○ **betwixt** [bitwíkst]	(古영어) 사이(= between)
○ **colloquial** [kəlóukwiəl]	구어체의
○ **compact** [kəmpǽkt]	자그마하고 아담한
○ **confine** [kənfáin]	가두다, 제한하다
○ **consideration** [kənsìdəréiʃən]	고려, 숙고
○ **critic** [krítik]	비평가
○ **criticism** [krítisizm]	비평, 평론, 비난
○ **dense** [déns]	짙은, 밀집한
○ **descriptive** [diskríptiv]	서술적인, 기술적인
○ **dialect** [dáiəlèkt]	사투리
○ **disaffected** [disəféktid]	불만을 품은, 못마땅해 하는
○ **dubious** [djúːbiəs]	의심스러운, 이상한, 수상쩍은
○ **ease** [íːz]	편함, 쉬움
○ **expose** [ikspóuz]	드러내다, 쐬다
○ **glimpse** [glímps]	흘끗 봄
○ **grandiose** [grǽndiòus]	장대한, 과장한, 숭고한
○ **grumble** [grʌ́mbl]	(천둥이) 우르르 거리다, 불평을 말하다
○ **inferior** [infíəriər]	하위의, 열등하다
○ **justify** [dʒʌ́stəfài]	정당화하다
○ **masterpiece** [mǽstərpìːs / mάːstərpìːs]	걸작, 대표작
○ **morality** [mərǽləti]	도덕, 도의
○ **norm** [nɔ́ːrm]	규범, 표준
○ **obedient** [oubíːdiənt]	순종하는, 고분고분한

○ **ode** [óud]	송시, 특정한 사람 · 사물을 기리는 서정시
○ **prejudicial** [prèdʒudíʃəl]	편견을 갖게 하는, 유해한
○ **proclamation** [prɑ̀kləméiʃən / prɔ̀kləméiʃən]	선언. 이 수업에서는 1863년 1월 링컨 대통령이 발표한 The Emancipation Proclamation(노예해방선언)을 가리킨다.
○ **propriety** [prəpráiəti]	예의, 소양
○ **protagonist** [proutǽgənist]	주인공
○ **race** [réis]	인종
○ **racist** [réisist]	인종차별주의자
○ **rambling** [rǽmbliŋ]	꾸불꾸불한
○ **reckon** [rékən]	생각하다, 판단하다
○ **relegate** [réləgèit]	내쫓다, 추방하다
○ **rumble** [rʌ́mbl]	우르르 울리다, 덜거덕거리다
○ **runaway** [rʌ́nəwèi]	도망자
○ **singular** [síŋgjulər]	단 하나뿐인, 유례가 드문
○ **slavery** [sléivəri]	노예제도
○ **subversion** [səbvə́ːrʒən / səbvə́ːrʃən]	전복, 파괴
○ **suffix** [sʌ́fiks]	접미사
○ **sway** [swéi]	흔들리다, 동요하다
○ **tumble** [tʌ́mbl]	구르다, 좌우로 흔들리다
○ **ugly** [ʌ́gli]	추한, 불쾌한
○ **vow** [váu]	맹세하다, 서약하다
○ **yonder** [jɑ́ndər / jɔ́ndər]	저기에, 저쪽에

Step 01

a-trembling, a-plunging	'a-'를 명사 앞에 붙이는 것은 古영어. 마크 트웨인은 이것을 일반적인 사용법과 다른 부사로 사용하여 글의 효과를 높였다.
Adventures of Huckleberry Finn	〈허클베리 핀의 모험〉
Civil War	남북전쟁
collective noun	집합명사
dispense with	~을 불필요하게 만들다, 생략하다
ill-mannered	버릇없는, 무례한
in light of	~의 관점에서 보면, ~을 고려하면
indebt to	~에게 은혜를 입은
petty theft	소액 절도 (petty는 '사소한' '소규모의', theft는 '절도')

중학교에 대해

미국의 교육행정은 각 지방자치단체가 담당하고 있다. 각 주의 교육청이 제정한 기준에 근거하여, 주 내의 세세하게 분할된 school district(학교구)라 불리는 구역마다 독자적으로 관리 운영되고 있다. 학교 예산은 학교구 내에 거주하는 사람들이 지불하는 고정자산세를 재원으로 하는데, 이것이 지역 간에 교육 수준의 격차를 발생시키는 원인이 되기도 한다. 공교육은 K–12라 하여 kindergarten(유치원)에서 12년생까지 구성되어 있는데, primary education(초등교육: 초등학교)과 secondary education(중등교육: 중, 고등학교)으로 나뉘어 있다.

초, 중, 고등학교의 구분은 5 – 3 – 4제, 6 – 3 – 3제, 6 – 2 – 4제, 4 – 4 – 4제, 6 – 6제, 8 – 4제 등으로 다양해 학교구에 따라 다르다. 따라서 학년은 grade 7(7th grade, G7), grade 10(10th grade, G10)처럼 표현한다. 중학교는 middle school, junior high school, intermediate school 등의 호칭이 있는데 5 – 3 – 4제는 G6부터, 6 – 2 – 4제는 G7부터 중학교로 본다.

공립학교에는 학생 개개인의 개성에 대응할 수 있는 프로그램들이 다양하게 설치되어 있다. 학교구에 따라서는 일반 코스 이외에도 토론에 중점을 둔 코스나 강의 형식을 많이 도입한 코스를 선택할 수 있는 등 특색 있는 코스들이 많이 있다. 수학을 예로 들어 보자면, 이미 중학교 과정을 다 배운 학생들을 위해 고등학교 수업을 받을 수 있도록 한 제도도 있다. 공립학교에 다니는 아이가 일반 교육 이외에 다른 지원이 필요하다는 생각이 들면, 보호자가 학교구에서 제공하는 여러 지원 프로그램 중에 선택해서 신청하면 된다. 일반적으로 ESL(English as a Second Language: 영어가 모국어가 아닌 학생들을 위한 영어 클래스), 영어와 수학 보충수업, 장애아 교육 프로그램, GATE(Gifted and Talented Education: 천재교육) 등이 있다.

Step 02 Listen & Write

McCurrach 선생님의 1교시 영어 수업은 다음과 같은 순서로 진행됩니다. CD를 통해 수업을 들으면서 오른쪽 페이지에 핵심 단어와 표현들을 메모해 보세요.

● 미국의 노예제도에 대해

선생님은 〈허클베리 핀의 모험〉의 내용을 이해하려면 당시 미국의 시대적인 배경, 특히 노예제도에 대해 이해할 필요가 있음을 설명하고 있습니다.

● 〈허클베리 핀의 모험〉의 주제

〈허클베리 핀의 모험〉의 주제에 대한 설명입니다.

● 〈허클베리 핀의 모험〉의 위대함

〈허클베리 핀의 모험〉이 왜 위대한지 그 이유를 설명하고 있습니다.

● 마크 트웨인의 문장 스타일

마지막으로, 마크 트웨인의 문장 스타일에 대한 설명입니다.

Dictation

- 미국의 노예제도에 대해

- 〈허클베리 핀의 모험〉의 주제

- 〈허클베리 핀의 모험〉의 위대함

- 마크 트웨인의 문장 스타일

Step 03 Listen & Check

McCurrach 선생님이 설명한 영어 수업 내용의 핵심입니다. 핵심 내용을 바탕으로 CD를 들으면서 수업 내용을 파악하세요.

● 미국의 노예제도에 대해

〈허클베리 핀의 모험〉을 읽거나 의미를 정확하게 파악하기 위해서는 이 소설이 쓰인 당시 미국의 시대적인 배경, 특히 노예제도에 대해 이해할 필요가 있습니다.

McCurrach 선생님은 아직 남북전쟁의 기억이 생생히 남아있던 당시에 흑인과 백인의 10대 청년 두 명이 같이 여행을 한다는 내용의 소설이 발표된 것 자체가 상당히 놀라운 일이라고 설명합니다. 또 〈허클베리 핀의 모험〉이 여러 면에서 비판의 대상이 되었던 일, 하지만 현재는 미국 학교에서 가장 많이 읽는 소설이라는 것도 설명합니다.

● 〈허클베리 핀의 모험〉의 주제

다음으로 선생님은 〈허클베리 핀의 모험〉의 주제에 관해 설명합니다. 간단히 말하자면, 처한 상황이 다른 두 청년이 함께 강을 따라 여행하며 모험을 하고 자기발견을 체험한다는 내용인데, 이와 동시에 마크 트웨인 자신이 행복한 어린 시절을 보냈던 미시시피 강에 바치는 서사시이기도 합니다. 그렇다고 이 소설이 단순한 '성장 이야기' 나 미시시피 강 주변의 아름다운 경치를 묘사한 '여행 소설' 은 아닙니다. 소설 내용 속에는 인종문제를 비롯한 인간이 갖고 있는 편견과 고정관념, 이를 타파하는 어려움 등의 주제를 담고 있습니다.

● 〈허클베리 핀의 모험〉의 위대함

미국 문학의 대표작 중 하나인 〈허클베리 핀의 모험〉의 위대함은 무엇일까요? 이는 비평가에 따라 의견이 다양한데, McCurrach 선생님은 "솔직한 언어 표현을 통해 진실을 이야기하여 상당한 파워가 느껴지는 점에 그 위대함이 있다" 고 설명합니다. 등장인물들이 말하는 솔직하고 사실감 있는 표현들이 작품에 진실성을 나타내며, 좋지 않은 표현이나 틀린 문법도 그들의 내면적인 갈등이나 시련을 뒷받침하는 역할을 하여 독자의 마음을 끄는 매력의 한 요소입니다.

● 마크 트웨인의 문장 스타일

마지막으로 선생님은 미국 문학에서 '구어체'를 확립했다는 평가를 받은 마크 트웨인의 문장 스타일에 대해 설명합니다. 원래 피수식어가 없는 단어를 수식어로 사용하거나, 일반적으로 형용사로 사용하는 단어를 부사로 사용하는 등 마크 트웨인의 독자적인 표현방법을 선생님은 '마크 트웨인의 언어'라 평가합니다. 이러한 영어 표현들의 뉘앙스를 이해하기 어려운 부분도 있겠지만, 해당 부분을 반복해서 읽어 '보통 표현과는 다르네. 그래서 이런 느낌을 전달하고 있구나' 하는 느낌을 이해할 수 있다면 여러분도 '트웨인 언어'를 이해했다고 할 수 있습니다. 문법에 구애받지 않은 자유롭고 직접적인 그러면서도 부드러운 구어체인 마크 트웨인의 독자적인 문체는 그 후 미국의 작가들에게 커다란 영향을 끼쳤다는 평을 듣고 있습니다.

Step 04 Listen & Review

McCurrach 선생님이 설명한 영어 수업 스크립트와 해석입니다. CD를 통해 수업을 들으면서 단어 하나, 표현 하나까지 확인해가며 다시 한 번 집중해서 들어보세요.

Track 01

Huckleberry Finn

❶ Today students, we turn our attention to the amazing story of the *Adventures of Huckleberry Finn*, first published in 1885 and written by that long famous author, Mark Twain. It is the story of two **runaway**s on the Mississippi River, a river as **rambling** as the two boy **protagonist**s of the story. To properly appreciate this story, you need to understand the condition of **slavery** in the U.S. It was by **proclamation** eliminated at the conclusion of the **Civil War** in 1865. In truth, of course, a form of **slavery** continued to exist, particularly in the extreme **prejudicial** sense of most people considering 'blacks' **inferior** to their own white skin.

❷ It is amazing in the first place that a book would be written involving a black and a white teenager traveling together when the **Civil War** was such a recent event. It is even more amazing that *Huckleberry Finn* is today the most frequently taught novel in American classrooms. It also happens to be the novel that is most frequently attacked by **critic**s. Yet, at the same time, it is widely considered a great book and the **singular masterpiece** of the author – this a hundred twenty years after it first appeared.

❸ A little bit about the story! In simple form, two **disaffected** youths take themselves on a river trip of exploration and personal discovery. It is the author Twain's **ode** to the river where he had spent the happiest and most important part of his childhood. It is, however, much more than a river story. Indeed it is at heart a story of immature, youthful minds dealing within the problems of **race** and trying to grow up. Huck is the white boy and when he first appeared, most **critic**s considered him **ill-mannered** and a poor role model for those times when **propriety** was more the **norm**.

허클베리 핀

❶ 오늘은 〈허클베리 핀의 모험〉이라는 아주 멋진 소설에 대해 이야기해 보기로 하지요. 이 소설은 저명 작가 마크 트웨인이 쓴 것으로, 1885년에 초판이 발행되었습니다. 이 소설은 미시시피 강을 따라 도망쳐 가는 2명의 도망자 이야기입니다. 미시시피 강은 이 소설 주인공들의 인생처럼 꾸불꾸불 굽어져 있습니다. 이 소설을 정확하게 이해하기 위해서는 미국의 노예제도에 대해 이해할 필요가 있습니다. 노예제도는 1865년 남북전쟁이 종결되었을 때 발령된 노예해방선언으로 폐지되었습니다. 하지만 여러분도 알고 있듯이 현실적으로 노예제도 형식은 그 후에도 계속되었으며, 특히 피부색이 검은 '흑인' 은 피부색이 하얀 백인들보다 열등한 존재라는 극단적인 차별 인식이 계속 존재해 왔습니다.

❷ 아직 남북전쟁에 대한 기억이 아직 생생하게 남아 있던 당시에 흑인과 백인의 10대 청년이 같이 여행을 한다는 내용의 책을 쓴 것 자체도 상당히 놀라운 일이지만, 현재 〈허클베리 핀의 모험〉이 미국 학교 수업에서 가장 많이 채택되는 소설이라니 더더욱 놀랍습니다. 또한 이 소설은 비평가들에게 가장 많이 비판받은 소설이기도 합니다. 하지만 그와 동시에 이 소설은 출간 후 120년이 지난 현재까지도 뛰어난 소설이며, 또한 마크 트웨인의 최고의 걸작이라 생각합니다.

❸ 이 소설에 대해 잠깐 얘기해 볼까요! 간단히 말하자면, 이 소설은 불만을 가진 2명의 젊은이가 강을 따라 내려가는 여행을 통해 모험과 자기발견을 체험한다는 내용입니다. 이는 트웨인이 자신이 어린아이 시절에 가장 행복하고 소중한 시간을 보냈던 강에 바치는 서사시이기도 합니다. 하지만 이 소설은 단순히 강의 이야기를 다룬 것이 아니라 그 이상의 것이 담겨 있습니다. 실은 이 소설의 핵심은 인종문제에 직면하여 성장하려고 하는 미숙한 젊은이들에게 맞춰져 있습니다. 이 책에 나오는 주인공 허크는 백인 소년입니다. 이 소설이 처음 나온 시대는 예의가 단순히 규범을 나타내는 것이 아니라 그 이상의 의미를 지닌 시대였기 때문에 많은 비평가들이 허크는 버릇 나쁜 아이이며, 이 책은 나쁜 책의 본보기라며 비판했습니다.

Step 04

Track 02

④ Nowadays, it is Huck's pal, Jim, who is getting the most **criticism**. He is the black slave boy, and some consider the book '**racist**' **in light of** the fact that the **ugly** word for a black, 'nigger,' appears in the book more than 200 times. Yet, the contrasts of skin color are really necessary as the two lads travel down the mighty River trying to find a place for themselves somewhere in a proper dry land society. I mean, it's really about differences and the necessity of getting along with those differences. This is a condition that exists to an even greater extent today in a world fraught with immigration problems.

⑤ But what about *Huck Finn* and its greatness? Where does that come from? The answer is to be found primarily in its incredible power of telling the truth by its totally honest language. At one point early on, Huck finally **dispense**s **with** his false pride in his own white condition as demonstrated in the following passage: "It was fifteen minutes before I could work myself up to go and humble myself to a nigger; but I done it, and I warn't sorry for it after." Thus begins a moral testing for Huck and leads to his becoming a heroic character as he **vow**s to help Jim in escaping his own personal **slavery**.

⑥ This will **justify** the upcoming **petty theft**s, bad language, and all manner of bad grammar. Some libraries originally banned the book because of those conditions and for the book's **dubious subversion** of **morality**. This is patently ridiculous and part of the book's greatness is that the human **race** cannot just accept what might be accepted at the time at the expense of a higher truth. Jim and Huck were seeking greater truths. For them, whites should not be just **obedient** sons and blacks should not be **relegate**d to a position of simply 'knowing their place.'

④ 요즈음에는 허크의 친구인 짐이 최대의 비판대상이 되고 있습니다. 짐은 흑인 노예 소년인데, 비평가에 따라서는 흑인을 차별하는 단어 'nigger'를 200번 이상이나 사용했다는 이유로 이 책을 '인종차별' 이라고 비판하는 사람도 있습니다. 하지만 피부색이 다르다는 차이는 두 소년이 웅대한 미시시피 강을 내려가며 이상(理想)에 맞는 토지에서 자신들에게 어울리는 장소를 발견해 간다는 이 책의 내용으로 보아서는 불가결한 요소입니다. 그도 그럴 것이 이 소설은 실제로 인간끼리의 차이점(deference)과 그 차이점을 인정하며 공존해가는 필요성에 대한 이야기이기 때문입니다. 이러한 상황은 이민에 관한 문제로 가득 찬 현재 사회에서 더더욱 큰 규모로 존재하고 있습니다.

⑤ 그러면 〈허클베리 핀의 모험〉의 위대함은 무엇일까요? 이 위대함은 어디에서 기인한 것일까요? 그 해답은 바로 솔직한 언어표현으로 진실을 얘기하는 것에서 생겨나는 놀라운 파워에 있습니다. 소설의 첫 부분에 나오는 내용 중에 허크가 자신이 백인이라는 사실에서 생겨나는 잘못된 우월감을 내버리는 장면을 다음 한 구절로 표현했습니다. "나를 낮추고 흑인이 있는 곳에 (잘못을 빌러) 가기 위해, 마음의 준비를 하는데 15분이 걸렸다. 하지만 나는 그것을 했고, 또 후회하지 않는다." 이것은 허크의 도의적 시련의 출발점이 되었고, 짐을 노예 상태에서 구출하는데 도움을 주겠다고 선언하는 영웅적인 존재가 되어 갑니다.

⑥ 그의 이러한 결단이 그 후에 계속 이어지는 소액의 도둑질이나 나쁜 언어표현, 잘못된 모든 문법 등을 정당화해 갑니다. 당시에는 이러한 좋지 않은 언어표현이나 의심스러운 도덕적 추락 등을 이유로 이 책을 거부한 도서관도 있었습니다. 이런 비판은 정말이지 어리석은 판단입니다. 이 책이 위대한 이유 중 하나는 우리들 인간이 단지 그 시대의 규범을 받아 누리기 위해 더 고도의 진실을 희생하는 일은 용납할 수 없다고 말하고 있기 때문입니다. 짐과 허크는 (세상에서 받아들여지는 규범이 아닌) 더 큰 진실을 바라보고 있었습니다. 그들은 백인은 단순히 순종적인 자식일 필요가 없으며, 흑인은 단지 '자신이 있어야 할 위치를 알아야 한다' 는 열등한 지위에 있어야 할 필요가 없다고 생각했던 것입니다.

Step 04

Track 03

⑦ Let us talk a little bit about the style of writing, which establishes what we now call '**colloquial** speech.' We should make further mention of Twain's grammar, as it is so important to the telling of the story. For instance, from chapter 21, which describes the moral climax of the novel: "It was a close place. I took up the letter I'd written to Miss Watson and held it in my hand. I was **a-trembling** because I'd got to decide forever **betwixt** two things and I knowed it." This is real Twain speak! Look at the use of the word 'close' as an adjective, describing a noun. It is much more affected than using other more accepted words such as '**compact**' or '**dense**' which are other meanings.

⑧ 'Close' immediately gives us image to a place as narrow as to be **confin**ing. Even better, Twain allows us to look upon 'close place' as a **collective noun** which gives it even more importance, identifying it more completely. And the use of '**betwixt**' and '**a-trembling**' as adverbs, modifying a verb, are not generally accepted grammar but are Twain words for between and tremble. For him, though, they are important adverbs as they give real truth to the native speakers.

⑨ Or look at the following sentences for their **descriptive** wonders: "It was as bright as glory and you'd have a little **glimpse** of treetops **a-plunging** about away off **yonder** in the storm... the thunder **rumbl**ing, **grumbl**ing, **tumbl**ing." Here the noun 'glory' is modified by bright as an adjective, which gives it an even greater emphasis and makes it seem even more important. And the treetops aren't just **sway**ing as might be the expected use but are '**a-plunging**,' which makes the verb even more effective. And the thunder is not just making noise. The use of the verbs '**rumbl**ing,' '**grumbl**ing,' '**tumbl**ing' as nouns, adding the **suffix** I-N-G, gives them even more emphasis in our minds.

⑦ 현재 우리들이 '구어체' 라 부르는 문체를 확립한 이 소설의 문장 스타일에 대해 잠시 얘기해 보기로 하지요. 그리고 이 이야기를 하는데 있어 상당히 중요한 요소인 마크 트웨인의 문법에 대해서도 설명하겠습니다. 예를 들자면, 이 소설의 도덕적인 의리 면에서 클라이맥스를 보이는 21장에는 다음과 같은 문장이 나옵니다. "답답한 방이었다. 미스 왓슨에게 쓴 편지를 집어 들어 손에 쥐었다. 몸이 떨렸다. 두 가지 선택 중 하나를 영원한 것으로 선택해야 한다는 걸 알고 있었기 때문이다." 이것이 바로 마크 트웨인 스타일입니다! 'close' 용법을 보세요. 트웨인은 이 문장에서 'close'를 명사를 수식하는 형용사로 사용했습니다. 이는 우리가 알고 있는 일반적인 단어, 예를 들면 다른 의미도 있는 'compact'나 'dense'를 사용하는 것보다 훨씬 더 효과적입니다.

⑧ 이 문장에서 'close'는 독자에게 밀폐된 좁은 공간의 느낌을 직접적으로 느끼도록 해 줍니다. 또 'close place'를 집합명사로 간주할 수 있게 하여 중요성을 더해줌과 동시에, (이 문장이 기술하는 장소에 대해) 의미를 완벽하게 이해할 수 있게 해 줍니다. 그리고 'betwixt'와 'a-trembling'에는 본래 동사를 수식하는 부사로 사용하는 용법이 없는데, 이는 'between'과 'tremble'을 의미하는 트웨인 언어입니다. 그에게는 이러한 단어들이 네이티브 스피커에게 현실적인 진실미를 주는 중요한 형용사인 것입니다.

⑨ 그 다음에 이어지는 문장을 살펴보겠습니다. "그것은 영광만큼이나 밝으며, 지금 폭풍우 저편에서 나무 꼭대기 부분이 뛰어들듯 고꾸라지는 것이 보였다. 천둥소리가 우르르 울려 퍼졌다." 이 문장에서 bright는 형용사로서 명사 glory를 수식하고 있으며, 이것이 glory의 의미를 더욱 강조하여 이 단어의 중요성을 더하는 결과를 가져왔습니다. 또 나무 꼭대기를 묘사한 표현을 보면, 보통 단순하게 흔들리고 있다는 일반적인 표현이 아니라 "뛰어들듯 고꾸라지고 있다"고 표현한 부분이 동사 plunge를 더 효과적으로 나타냈습니다. 그리고 또 천둥은 그냥 울리는 게 아닙니다. 'rumbling', 'grumbling', 'tumbling'처럼 동사에 –ing을 추가해서 동명사처럼 사용하여 독자에게 그만큼 훨씬 더 강렬한 인상을 남겨주었습니다.

Step 04

Track 04

⑩ So it is that the style of the writing establishes what we now call '**colloquial** speech.' By this we mean the use of familiar and informal conversational words, particularly as it refers to local **dialect**s. Thus, we find a sentence such as: "I'll rest awhile, I **reckon**, and go on. I ain't afeard of the dark." It really has nothing to do with the grammar but rather relates to the **ease** and freedom in the use of language. The structure of the sentence is simple, direct, and fluent. We understand that all too well today, but in 1885 people thought than literary greatness required elegant and **grandiose** language. In time, great American writers, such as Earnest Hemingway believed that all modern literature was **indebt**ed **to** Twain for his so-called America 'speak.'

⑪ In the end, it is important for all literature students to **expose** themselves to *Huckleberry Finn*. It deals with major **consideration**s of **race**. And through the use of realistic dialogue, it involves us in moral **consideration**s of major importance. And, hey, as and added pleasure we get to enjoy the wonders of river travel and the glories of passing environments.

문학 공부에 꼭 필요한 용어들을 좀더 살펴볼까요.

allusion	비유, 암시	**explication**	해석, 설명
analysis	분석	**exposition**	해설, 설명
antagonist	적대자	**fable**	우화
character	인물, 역할	**flashback**	플래시백
climax	최고조	**foreshadowing**	예지, 전조
connotation	암시적 의미, 함축	**illusion**	환상
conclusion	결말, 집결	**imagery**	초상, 비유
denotation	명시적 의미, 상징	**irony**	반어, 비꼼
denouement	결말, 대단원	**locale**	무대, 장면
epiphany	직감적 사실 파악	**monologue**	독백

⑩ 이것이 바로 현재 우리들이 '구어체' 라 부르는 문체를 확립한 문장 스타일입니다. 구어체란 우리들이 친숙하게 쓰는 약식 표현으로 일상 회화 표현을 사용하는 것을 말하며, 특히 지역마다 다른 사투리를 의미합니다. 따라서 이 소설에 "나는 좀 쉬고 생각한 후에 걸을게. 어둠은 두렵지 않으니까" 란 의미를 나타내는 문장이 있는데, 이는 가볍고 자유로운 언어 사용법이 문제이지 문법적인 문제와는 아무런 관계가 없습니다. 이 문장의 구성은 단순하고 직접적이며 부드럽습니다. 이러한 문장이 지금 현대 시대에는 일반적이라 볼 수 있지만, 1885년 당시의 위대한 문학은 고상하고 점잖은 표현을 써야 한다는 사고방식을 갖고 있었다는 것을 여러분도 알 겁니다. 시간이 흘러 어니스트 헤밍웨이를 비롯한 미국의 위대한 작가들은 모든 현대문학이 이른바 미국의 '구어체' 를 확립한 마크 트웨인의 은혜를 입었다고 생각하고 있습니다.

⑪ 마지막으로, 문학을 배우는 학생이라면 모두 〈허클베리 핀의 모험〉을 읽어야 합니다. 이 소설은 인종 문제에 관해 깊이 생각해 볼 수 있게 합니다. 또 현실감 넘치는 대화를 통해 도덕적인 중요 문제에 대해 생각하게 합니다. 뿐만 아니라 강을 따라 내려가며 즐기는 멋진 여행과 강 주변의 멋진 풍경들도 감상할 수 있습니다.

myth	신화
narrative	이야기, 화술의
narrator	내레이터
outline	개략, 요지
parable	비유, 우화
plot	줄거리
protagonist	주인공
quotation	인용
retrospect	회상
setting	배경, 장치, 환경
symbol	상징
theme	주제
thesis	명제, 논제
fairy table	옛날이야기
point of view	시점
tall tale	허풍, 믿기지 않는 이야기

Homework

■ 다음은 미국의 유명한 문학 작품입니다.
각 작품의 영어 제목을 말해보세요.

❶ 〈톰 소여의 모험〉 by Mark Twain

❷ 〈북회귀선〉 by Henry Miller

❸ 〈해는 또다시 떠오른다〉 by Ernest Hemingway

❹ 〈노인과 바다〉 by Ernest Hemingway

❺ 〈모르그가의 살인〉 by Edgar Allan Poe

❻ 〈황무지〉 by T. S. Eliot

❼ 〈욕망이라는 이름의 전차〉 by Tennessee Williams

❽ 〈뜨거운 양철 지붕 위의 고양이〉 by Tennessee Williams

❾ 〈호밀밭의 파수꾼〉 by J. D. Salinger

❿ 〈냉혈〉 by Truman Capote

마크 트웨인의 작품
이외에, 본인이 마음에
드는 작가의 원문에도
도전해 보세요.

선생님의
비밀노트

마크 트웨인(본명: Samuel Clemens)은 1835년 11월 미주리 주에서 태어났습니다. 4살 때 가족과 함께 〈허클베리 핀의 모험〉의 배경이 된 미시시피 강 주변의 개척지로 이주해 왔습니다. 당시 미주리 주는 노예제도를 채택한 주 중 하나로, 소년 샘(후의 마크 트웨인)은 삼촌의 농장에서 여름을 보내며 노예들이 하는 이야기나 그들이 부르는 흑인 영가에 귀를 기울이게 되었다는 이야기가 있습니다.

샘은 11살 때 아버지가 돌아가시자 동네 종이 인쇄소에 견습생으로 들어가 일을 시작했습니다. 초등학교 5학년까지밖에 교육을 받지 못했던 샘은 이 일을 시작하면서 세계 각지의 뉴스를 읽을 기회를 얻었습니다. 그리고 18살이 되던 해 동해안 지역으로 옮겨 가 뉴욕과 필라델피아의 신문사에서 일했습니다.

20대 중반에 다시 미주리 주로 돌아와 증기선 수로 안내인 일을 하고, 남북전쟁이 일어나자 남부 군대에 지원하여 전쟁에 참가하기도 하며, 일확천금을 꿈꾸며 네바다 주에 있는 광산으로 가는 등 한동안 우여곡절 많은 인생을 보냈습니다. 이후 네바다 주의 신문사에서 기사를 쓰기 시작했는데, Mark Twain이라는 필명을 쓰기 시작한 것도 이때부터였습니다. 캘리포니아 주의 신문사로 옮긴 뒤, 30세 때 쓴 단편 '*Jim Smiley and His Jumping Frog*'가 전국적으로 신문에 기재되어 Mark Twain이라는 이름이 널리 알려지게 되었습니다. 이 후에는 여러분도 잘 알고 있는 *The Adventures of Tom Sawyer* 등으로 인기 작가가 되어, 미국의 대표적인 작가 중 한 명이 되었습니다.

English

2교시 수업

English: Linguistics 영어-언어학

2교시는 McCurrach 선생님의 영어 슬랭에 대한 수업입니다. 슬랭은 일상생활에서 빈번하게 사용하지만, 어디까지나 스스럼없이 쓰는 구어 표현이지 올바른 영어라고는 할 수 없습니다. 어느 나라에서건 젊은 사람들이 사용하는 독특한 슬랭 표현과 유행어 등이 있기 마련인데, 그런 표현을 쓰면 왠지 모르게 '멋있다'는 느낌이 들기도 하지요.

또 외국어를 배우고 있을 때나 외국으로 이주했을 때 현지인들이 말하는 슬랭 표현을 사용하면 자신도 그 나라의 구성원이 된 듯한 느낌도 들고, 그 언어가 유창해진 듯한 기분도 듭니다. 하지만 McCurrach 선생님은 학생들에게 슬랭은 일시적으로 사용하는 유행어이지 문화 속에서 오랜 기간 이어 내려온 정통적인 표현은 아니라는 사실, 또 일단 사회로 나가면 슬랭이 아니라 얼마나 문법적으로 올바른 정통 영어를 사용할 수 있는지(또는 문장을 쓸 수 있는지)로 그 사람을 판단한다고 주의를 주었습니다. 영어를 배우는 입장에 있는 우리들에게도 매우 참고가 될 만한 이야기입니다.

Slang
슬랭

Teacher : McCurrach

Step 01 Vocabulary

2교시 영어 수업에 꼭 필요한 단어와 용어입니다.
먼저 예습을 열심히 한 후 수업을 들으세요.

○ **acceptable** [əkséptəbl]	적절한, 훌륭한
○ **ace** [éis]	에이스, 일인자, 달인
○ **acquire** [əkwáiər]	얻다, 습득하다
○ **adopt** [ədάpt / ədɔ́pt]	채용하다, 채택하다
○ **appealing** [əpí:liŋ]	사람의 마음에 호소하는, 흥미를 끄는
○ **ammunition** [æ̀mjuní:ʃən]	탄약
○ **ancient** [éinʃənt]	고대의, 나이든, 구식의
○ **awesome** [ɔ́:səm]	무시무시한, 굉장한, (구어) 멋진
○ **belong** [bilɔ́:ŋ, bilάŋ]	소속하다, 속하다
○ **dependant** [dipéndənt]	~에 의지하다, ~에 의존하다
○ **discard** [diskά:rd]	버리다
○ **glitch** [glitʃ]	고장, 결함
○ **grocery** [gróusəri]	식료 잡화점, 식료 잡화류
○ **hesitate** [hézətèit]	망설이다, 주저하다
○ **immaturity** [ìmətjúərəti]	미숙함, 미성숙함
○ **incorrect** [ìnkərékt]	부정확한
○ **indeed** [indí:d]	확실히, 정말로, 실제로
○ **intricate** [íntrikət]	얽힌, 복잡한
○ **jargon** [dʒά:rgən]	전문어, 직업어
○ **motivator** [móutivèitər]	자극을 주는 것, 동기를 주는 것
○ **note** [nóut]	이 수업에서는 '주의하다', '주목하다'
○ **oppose** [əpóuz]	반항하다, 저항하다
○ **oppression** [əpréʃən]	압박, 압제

permanent[pə́ːrmənənt]	영속하는, 불변의
preoccupy[priːɑ́kjupài]	선취하다, 점령하다, (사람의) 마음을 빼앗다
proper[prɑ́pər / prɔ́pər]	적당한, 알맞은
punctuation[pʌ̀ŋktʃuéiʃən]	구두점
resist[rizíst]	~에 저항하다, ~을 참다
resistance[rizístəns]	저항, 반항
substitute[sʌ́bstətjùːt]	대용품
suffice[səfáis]	~에 충분하다, 만족시키다
tendency[téndənsi]	경향, 성향
au courant	(프랑스어) 정세에 밝은, 최신의
couch potato	(구어) 소파에 드러누워 텔레비전만 보는 사람(소파에 앉아 포테이토칩을 먹는 것에서 연유)
date back to	~에 거슬러 올라가다
holy smoke	(구어) 야단났군! 에구머니!
mad as a hatter	(구어) 아주 정신이 미친, 심하게 화난
space cadet	우주비행사 훈련생(cadet는 육해공군의 간부 후보생) (구어) 마약에 취해 황홀해져 있는 사람
staying power	지구력

Step 02
Listen & Write

McCurrach 선생님의 2교시 영어 수업은 다음과 같은 순서로 진행됩니다. CD를 통해 수업을 들으면서 오른쪽 페이지에 핵심 단어와 표현들을 메모해 보세요.

● 슬랭을 사용하는 이유

우선 먼저 슬랭이 얼마나 일상생활 속에 파급되어 있는지, 특히 젊은 사람들이 왜 슬랭을 즐겨 사용하는지에 대해 이야기합니다.

● 슬랭의 예

이어서 현재 사용하는 슬랭을 예를 들어 소개합니다.

● 슬랭 사용 삼가기

슬랭은 사용하지 않도록 해야 하는데, 특히 영어 수업 중에는 의식적으로 슬랭의 사용을 삼가야 할 필요가 있다고 설명합니다.

● 판단기준은 정통 영어

선생님은 학생들에게 정통 영어 지식이 부족하면, 사회에서 불리한 입장에 놓이는 경우도 있다는 사실을 알려줍니다.

Dictation

슬랭을 사용하는 이유

슬랭의 예

슬랭 사용 삼가기

판단기준은 정통 영어

Step 03
Listen & Check

McCurrach 선생님이 설명한 영어 수업 내용의 핵심입니다. 핵심 내용을 바탕으로 CD를 들으면서 수업 내용을 파악하세요.

● 슬랭을 사용하는 이유

우선 선생님은 제일 먼저 슬랭이 얼마나 일상생활 속에 파급되어 있는지, 특히 젊은 사람들이 슬랭을 즐겨 사용하는 이유에 대해 설명합니다. 슬랭은 어느 시대이건 항상 존재했으며, 이른바 book English(정통 영어)를 대신하는 역할을 해 왔습니다. 슬랭은 그 시대의 트랜드를 반영하는 일이 많으며, 새로운 슬랭을 사용하면 자신도 그 시대의 흐름에 맞춰 가고 있다는 느낌이 듭니다. 또 특정 사회계층에서 사용하는 슬랭은 억압받는 계층의 불만을 나타내는 경우도 있으며, 스포츠 등 특정 분야에서 사용하는 슬랭은 그 그룹에 속해 있다는 일체감을 나타내는 경우도 있습니다. 그런데 슬랭이 정통 영어와 다른 결정적인 차이점은 슬랭은 거의 대부분 시간이 지나면 더 이상 유행하지 않게 되고, 결국에는 사라져 버린다는 것입니다.

● 슬랭의 예

이어서 선생님은 현재 사용하고 있는 슬랭의 몇 가지 예를 들어 소개합니다. 여러분이 이미 알고 있는 표현도 있을 것이고, 처음 들어보는 표현도 있을 것입니다. 이러한 슬랭을 젊은 사람들이 사용하는 이유 중 하나인, 누구나가 갖고 있는 '어딘가에 속하고 싶다' 는 욕구에 대해서도 설명합니다. 특히 젊은 사람들은 슬랭을 사용하면 기분이 좋아지기도 하고 자신이 소속된 문화의 일부분이 된 듯한 느낌도 듭니다. 영어 교사들도 또한 외국에 나가면 자진해서 그 나라의 슬랭을 외우려고 하는 경우도 있다는 이야기도 합니다.

● 슬랭 사용 삼가기

일상생활에서도 슬랭은 가능한 사용하지 않도록 해야 하는데, 특히 영어 수업(회화, 리포트, 에세이 등) 시간에는 교사와 학생 모두 의식해서 슬랭을 삼가야 합니다. 선생님은 그 이유로 영어 수업은 사회에서 인정받은 영어를 사용할 수 있는 능력을 학생들에게 가르치는 것이 목적이기 때문이라는 답을 명확히 제시합니다. 학생들이 졸업할 무렵이 되면 사라져 잊힐 슬랭을 학교에서 가르칠 필요는 없으며, 오히려 장래에 직장에서 사용할 수 있는 올바른 영어를 가르치는 것이 교사의 임무라고 설명합니다.

● 판단기준은 정통 영어

마지막으로 선생님은 현재 미국의 대학에서 슬랭은 많이 알고 있지만, 올바른 문법이나 스펠링은 모르는 학생들이 늘어나고 있는 것이 문제가 되고 있다는 설명을 합니다. 올바른 문법과 스펠링에 관한 지식은 그 사람의 장래에 상당히 중요한 문제이며, 이러한 지식이 부족하면 취직할 때 좋지 않은 영향을 받거나, 사회에서 불리한 입장에 놓이게 될 경우도 있습니다. "오늘 받아들인 슬랭이 내일이면 잊힐 가능성이 높다"는 선생님의 말씀을 우리들도 명심했으면 합니다.

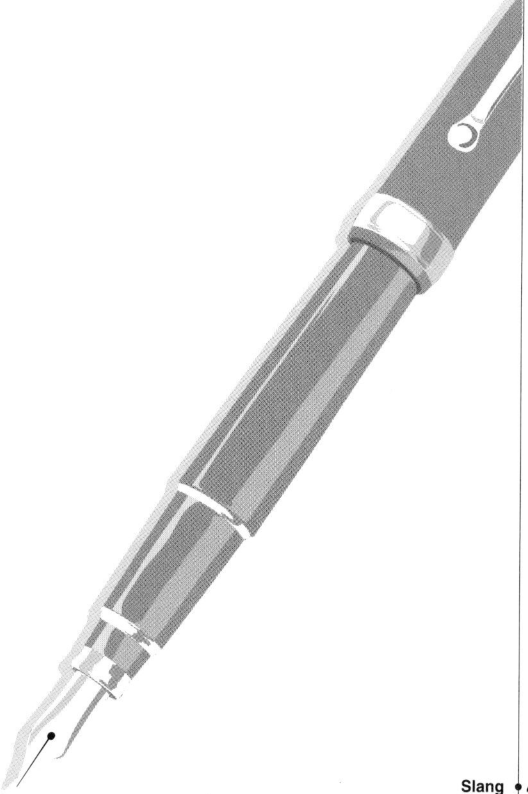

McCurrach 선생님이 설명한 영어 수업 스크립트와 해석입니다. CD를 통해 수업을 들으면서 단어 하나, 표현 하나까지 확인해가며 다시 한 번 집중해서 들어보세요.

Track 05

Slang

① Today students, we are going to discuss slang. As a teacher, I understand how you might have a certain **resistance** to learning correct English. As a student, you are surrounded by expressions that do not appear in any accepted English dictionary and it seems as if all of your friends are speaking a language that is not taught by any **proper** teacher of the English language.

② Unfortunately, a large percentage of the American population speaks what has come to be referred to as slang. Slang tends to be more clever and, in many cases, has a sense of humor. It's funny. That makes it more **appealing** in our daily usage. It seems to be everywhere and is nowhere more apparent than with you students of our youth.

③ American slang **date**s **back to** as far as the memory will take us. The U.S. population tends to be **preoccupi**ed with social status and the rich vocabulary of slang guarantees an even greater usage. At any given time, many slang words are in use acting as a **substitute** for what we refer to as 'book' English. However, over, time they tend to be **discard**ed and then largely forgotten. Thus, if you spend too much time learning slang, you will find yourself in a world that will not accept your spoken language. Even strongly used slang words tend to disappear as we tire of them and seek new **substitute**s. There are a few exceptions to this rule, of course, but not too many. The word 'cool,' which means having an understanding of current trends, comes quickly to my mind as one of those words still used by the majority.

④ You students are, of course, representatives of the youth of today and youth are the most likely to give rise to slang usage. We have other **motivator**s of slang, of course, such as **oppression**, sports and vice.

슬랭

❶ 오늘은 슬랭에 대해 이야기를 해보지요. 교사의 입장에서 여러분이 올바른 영어를 배우는데 어떠한 반항심을 갖고 있다는 것은 이해합니다. 학생의 위치에 있는 여러분은 일반적으로 인정받은 영어 사전에는 실려 있지 않은 표현으로 둘러싸여 있고, 친구들은 마치 정식 영어 교사에게 배우지 않은 언어를 이야기하고 있는 듯이 느끼겠지요.

❷ 유감스럽게도 미국인의 대다수가 슬랭을 사용합니다. 슬랭은 일반 영어보다 세련된 느낌도 들고, 많은 경우에 유머를 느끼게도 합니다. 슬랭은 재미있으니까요. 그래서 슬랭은 일상 회화에서 더 흥미를 갖게 합니다. 슬랭은 모든 곳에서 사용되고 있으며, 가장 많이 사용하는 사람은 여러분과 같은 젊은 학생들이겠지요.

❸ 미국의 슬랭은 우리의 기억이 미칠 수 있는 한 오랜 옛날로 거슬러 올라갑니다. 미국인은 자신의 사회적 지위에 몰두하고, 또 슬랭이 많기 때문에 사용할 기회도 늘어납니다. 어느 시대이건 많은 슬랭이 사용되었으며, 우리들이 'book' English(정통 영어)라고 부르는 영어를 대신하는 역할을 하고 있습니다. 하지만 시간이 지나면서 슬랭은 버려지고, 대부분의 경우 사라져 버립니다. 따라서 슬랭을 외우기 위해 시간을 너무 많이 허비한다면, 여러분이 이야기하는 말을 세상이 받아들여주지 않게 됩니다. 빈번하게 사용하는 슬랭이라 해도 우리가 그 슬랭에 질려서 그를 대신할 새로운 슬랭을 찾길 요구함에 따라 사라져 버리게 되는 것입니다. 물론 여기에는 예외−결코 많지는 않지만−도 몇 가지 있습니다. 현재 유행의 흐름을 탄다는 의미를 나타내는 cool은 현재에도 많은 사람들이 사용하고 있는 슬랭의 한 예로 떠오르네요.

❹ 물론 학생 여러분은 요즘 젊은이의 대표이며, 젊은이들이 슬랭을 가장 많이 만들어냅니다. 물론 슬랭을 사용하게 하는 요인은 이밖에도 또 있습니다. 예를 들면 압박감과 스포츠, 나쁜 습관 등입니다.

⑤ As teachers, we were also once young ourselves so we understand all too well the **tendency** to invent a slang vocabulary that one can call one's own. However, as we leave our teens behind, most of us will stop **acquir**ing new slang and, **indeed**, use of it will tend to disappear.

⑥ Slang should be **resist**ed despite its appeal even though it has a good rhythm and often tends to induce a smile when it is used. For instance, to call somebody a good newspaper reporter is not nearly as enjoyable as calling one an '**ace**' reporter. Other examples along this line might be 'ammo' for **ammunition** or '**awesome**' for really beautiful or '**glitch**' for mistake.

⑦ Then there are the more complex expressions that are extra special fun. A few examples of this will **suffice**. To call somebody a '**space cadet**,' meaning somebody who does not understanding reality or a '**couch potato**,' meaning somebody who has no energy or ambition, is fun but almost certainly will have no **staying power**. Yet, you may tend to **adopt** usage of these since all your friends are doing it. This therefore makes you feel a more **intricate** part of the culture. Who among you doesn't want to feel a part of something, particularly when you are trying to become a part of a new culture? We all possess a healthy need to **belong**, even a good English teacher in a foreign land does not **hesitate** to learn the local **jargon**, as **oppose**d to what the population as whole considers **proper**.

⑧ However, as **note**d, slang should be **resist**ed or only used in the knowledge that it is **incorrect**. There are some very good reasons for avoiding the use of slang in the classroom. We have already **note**d that slang is not **permanent** state of condition within the overall context of generally **acceptable** vocabulary.

⑤ 교사인 우리도 예전에는 젊은 사람들이었으니까, 젊은이들이 자신들만의 슬랭을 만들어내는 경향이 있다는 사실은 잘 알고 있습니다. 그러나 10대가 지나면 새로운 슬랭을 외우는 일을 중단하고, 실제로 슬랭을 사용할 기회도 없어지는 경향이 있습니다.

⑥ 슬랭에는 기분 좋은 리듬이 있기도 하고 슬랭을 사용하면 상대방이 미소를 지어주는 일 등 매력이 많지만, 슬랭 사용은 역시 피해야 합니다. 예를 들면 어떤 사람을 '뛰어난 신문기자' 라고 표현하는 것을 'ace' 리포터라고 부르는 것과 비교해 보면 말의 재미는 없습니다. 또 이와 비슷한 예로는 ammunition(탄약)의 슬랭인 'ammo' , 매우 멋진을 나타낼 때 사용하는 'awesome' , 실수에 사용하는 'glitch' 등이 있습니다.

⑦ 더 재미있고 복잡한 표현도 있습니다. 몇 가지 예를 살펴보겠습니다. 현실을 이해하지 못하는 사람을 'space cadet' (우주비행사 훈련생. 여기서는 '멍청한 사람' 이란 의미)이라고 부르거나, 의욕이나 향상심이 없는 사람을 'couch potato' (소파에 앉아 포테이토칩을 먹으며 텔레비전을 보는 게으른 사람)라고 부르기도 합니다. 이들은 재미있는 표현법이지만, 오래 사용되리라고는 생각하지 않습니다. 그런데도 여러분은 친구가 모두 사용하고 있으니까 이런 표현을 외우게 되는 것이지요. 또 슬랭을 사용하면 기분이 좋아지거나, 자신이 속한 문화 속에서 작기는 하지만 중요한 일부분이 된 것 같은 느낌이 들 때도 있지요. 어떤 일부에 속하고 싶다고 생각하지 않는 사람이 있을까요? 특히 새로운 문화의 일부가 되기 위해 새 문화에 융화되었으면 하는 생각을 할 때는 특히 더 그렇지요. 우리는 누구나 어딘가에 속하고 싶다는 건전한 요구를 갖고 있습니다. 뛰어난 영어 교사조차도 외국에 가면 그 나라의 국민 전체가 올바르다고 생각하는 표현과 반대되는 언어라 해도, 그 지역의 독특한 언어를 외우는데 주저하지 않습니다.

⑧ 하지만 앞에서도 말했듯이, 슬랭을 사용하지 말던가, 그것이 올바른 표현이 아니라는 사실을 이해한 후에 사용해야 합니다. 교실에서 슬랭 사용을 피해야 하는 중요한 이유가 몇 가지 있습니다. 넓게 일반적으로 인정받을 수 있는 어휘로 볼 수 있는가 하는 종합적인 관점에서 보았을 경우, 이미 알고 있듯이 슬랭은 영원히 존재할 어휘라고는 할 수 없습니다.

Track 07

⑨ Thus, we could easily learn the current slang but tomorrow or the next day, or almost certainly the next year, it will be something else that becomes popular. Besides why should we teach something in the classroom that you will learn all too quickly on your own? Even more importantly, we as good teachers know all too well that much of your future will depend not on slang but on **proper**, **acceptable** English. Why is this so?

⑩ Well, **acceptable** English is a long term survivor! Any slang that we might teach to you students will be outdated before you graduate from college. Young people today want to set themselves apart from their parents and part of that is **adopt**ing new expressions. This is always true as one generation gives way to another. Teachers today over the age of forty remember a time that the constantly used phrases were such as '**holy smoke**,' which guarantees surprise, and '**mad as a hatter**,' meaning crazy. We wouldn't dare use those today as we would be considered '**ancient**' or old and not 'au courant' or modern in thought. So, we need to teach you dictionary English because it will be paramount for you to have a successful career.

⑪ Colleges and universities today have serious problems with students who know a great deal of slang but little about correct sentence structure, spelling or grammar. You will be at a serious disadvantage in this world if you become **dependant** on slang. You must understand that slang is identified with youth and **immaturity**. No matter what career path you choose, there will be few opportunities for you without a good knowledge of **proper** English. And if you hope to become a good writer, there is nothing more important than to be perfectly clear and directly to the point. Admittedly, each year dictionaries become more accepting of new words that are largely slang based. Nevertheless, most of the English language has been passed on to us from long ago generations.

⑨ 우리들은 오늘 슬랭을 쉽게 외우지만, 내일이나 모레가 되면—내년에는 틀림없이—다른 새로운 슬랭이 유행하고 있을 겁니다. 그리고 여러분이 혼자서도 간단하게 외울 수 있는 표현을 어째서 일부러 교실에서 가르쳐야 할 필요가 있을까요? 이보다 더 중요한 것은 훌륭한 교사는 여러분의 미래가 슬랭이 아닌 인정받은 올바른 영어를 사용하는 능력에 달려 있다는 사실을 너무나도 잘 알고 있습니다. 그건 왜 그럴까요?

⑩ 그것은 올바른 영어는 오랜 시대를 살아 남아왔기 때문입니다! 여러분에게 슬랭을 가르쳐도, 그 슬랭은 여러분이 대학을 졸업하기 전에 이미 시대에 뒤떨어진 것이 되어 있겠지요. 요즘 젊은 사람들은 자신들을 부모와는 다른 존재로 위치 매김하고 싶어서, 그를 위한 한 방법으로 새로운 표현을 사용합니다. 한 세대가 다음 세대에 길을 내주는 경우에 항상 일어나는 일입니다. 현재 40세 이상이 되는 교사들은 놀라움을 뜻하는 'holy smoke' 나 제정신이 아님을 의미하는 'mad as a hatter' 를 자주 사용했던 그들의 젊은 시절을 기억하고 있습니다. 우리들이 지금은 이런 표현을 사용하지 않는데, 그건 이런 표현을 지금 사용하면 사고방식이 '구세대' 라던가 나이든 사람으로 생각되어, '현대적인' 사람이라고 여겨지지 않기 때문입니다. 그래서 우리들은 여러분에게 영원히 사용할 수 있고, 여러분의 경력을 성공으로 이끌 '사전 영어' 를 가르치는 것입니다.

⑪ 요즘 대학에서는 슬랭은 많이 알고 있으면서도 올바른 영어 문장의 구조나 스펠링, 문법 등을 모르는 학생들이 많다는 것이 심각한 문제가 되고 있습니다. 슬랭에만 의존하고 있으면 여러분은 사회에서 상당히 불리한 입장에 처하게 될 것입니다. 슬랭은 젊음, 미숙함과 동의어임을 이해해야 합니다. 여러분이 어떤 직업을 갖게 되건, 올바른 영어 지식을 갖고 있지 않으면 나에게 돌아오는 기회는 한정되어 버립니다. 그리고 여러분이 좋은 문장을 쓰고 싶다면, 명백하고 직접적인 요점을 표현하는 이상으로 중요한 것은 없습니다. 확실히 사전은 매년 새로운 어휘가 늘어나 두꺼워지고 있으며, 그들 새로운 어휘의 많은 부분이 원래 슬랭이었던 것입니다. 하지만 대부분의 영어는 훨씬 이전부터 우리 세대까지 오랫동안 이어져 온 것입니다.

Track 08

⑫ Ultimately then, you will be judged in this world at large by your ability, or non-ability, to write and speak properly. So it is that we will concentrate on using correct **punctuation**, and most of all, words and expressions that have a long history of correctness. Thus, we will teach you, for instance, that a **grocery** store will always be open rather than the current slang expression that it will be open: '24/7,' meaning twenty four hours, seven days a week. Remember: What might be **acceptable** today, will most likely be forgotten tomorrow. 'Always' will always be a part of our vocabulary. Not so with slang.

⑫ 이 사회는 궁극적으로 여러분이 올바르게 쓰고 이야기할 수 있는 능력이 있는지 없는지로 판단합니다. 그래서 교사들은 올바른 구두점의 사용방법이나 오랜 역사를 통해 올바르다고 생각되어 온 어휘와 표현을 가장 중요시합니다. 그래서 예를 들면 교사들은 현재의 슬랭을 사용해서 잡화점이 24/7(1일 24시간 주 7일) 개점한다고 표현하는 대신에 always(항상) 개점하고 있다는 표현을 가르치는 것입니다. 오늘 받아들인 슬랭이 내일은 잊힐 가능성이 높다는 사실을 기억해 두세요. 'always' 는 이후에도 항상 영어의 어휘로서 사용되겠지요. 그런데 24/7이란 슬랭은 언젠가는 잊히게 됩니다.

Homework

■ 다음 구어 표현을 정통 영어로 바꿔 보세요.

❶ The supermarket was like a **zoo**.

❷ Yesterday's training was so hard. I'm **pooped out**.

❸ It was a **good deal** to get 2 CDs for 10 **bucks**.

❹ You look so upset. You need to **chill out**.

❺ Yesterday's math test was **a piece of cake**.

선생님의

비밀노트

이야기를 꺼낼 때나 이야기 도중에 무의식적으로 나오는 말, 예를 들면 '저어', '으음' 등이 있다. 이런 말은 그 자체에는 의미가 없지만, 그때의 감정을 나타내거나 문장을 연결하는 역할을 한다. 영어에도 Well…(저어), You know what?(저, 그게 말이지)이나 말문이 막힐 때 사용하는 uuum…(아~) 등은 일상적으로 사용된다.
문장을 연결하는데 사용하는 표현 중에는 지나치게 많이 사용하지 않도록 주의가 필요한 표현이 있다.

예를 들면 특히 젊은 세대가 빈번하게 사용하는 you know, like 등이다. "You know, I told him not to call me during dinner time, but you know, he never stops calling."(저 그게 말이지, 그한테 저녁 식사시간에는 전화하지 말라고 얘기했는데, 그게, 그 사람도 참 또 전화한다니까) 같은 경우는 문장에 리듬감을 주는 방법으로 사용되었다. 이는 상대방에게 주는 느낌도 좋기 때문에 한 번 사용하기 시작하면 적당한 표현이 떠오르지 않을 때나 말문이 막힐 때 무심결에 불쑥 튀어나오게 된다. 그런데 you know나 like를 너무 많이 사용하면, 상대방에게 깔끔하게 완결된 문장을 말하지 못하는 사람이란 인상을 주게 된다. 또 이야기를 듣는 쪽에서는 매우 귀에 거슬리고 문장이 분단되어서 무엇을 말하고 싶은지 몰라 대화에 지장이 생긴다.

이번 수업에서도 선생님이 말씀했듯이 이야기하는 방법은 사람을 판단하는 중요한 요소이다. 입버릇은 자신이 스스로 깨닫기 힘들지만, 본인의 영어가 너무 informal(형식이 없는)이 되지 않도록 주의하자.

Math: Algebra

3교시 수업

Math: Algebra 수학-대수

3교시와 4교시 수업은 수학입니다. 이번 3교시에서는 1차방정식에 대해 배웁니다. 방정식에 변수를 적용하여 값을 구하는 1차방정식의 기초를 설명하는 수업인데, 나중에 배울 2차, 3차 방정식이나 함수, 미분 · 적분 등의 고도의 수학문제를 푸는데 기본이 되는 중요한 테크닉과 용어가 등장합니다. 계산 순서를 외우기 위해 사용하는 언어유희인 PEMDAS나 do the opposite 등의 표현은 영어의 수학 용어와 테크닉을 같이 외우는데 상당히 도움이 됩니다.

Ardell 선생님은 말이 조금 빨라 처음에는 수업을 따라가기 힘들겠지만, 교재와 수식을 보며 계속 반복해서 들어보세요. 영어의 일반 속도에 익숙해질 수 있는 좋은 연습이 될 겁니다.

Solving Linear Equations
1차방정식 풀기

Teacher : Ardell

Step 01 Vocabulary

3교시 수학 수업에 꼭 필요한 단어와 용어입니다.
먼저 예습을 열심히 한 후 수업을 들으세요.

addition [ədíʃən]	덧셈
division [divíʒən]	나눗셈
exponent [ikspóunənt]	지수
integer [íntidʒər]	정수
misleading [mislíːdiŋ]	오해시키는, 혼동케 하는
multiplication [mʌ̀ltəplikéiʃən]	곱셈
multiply [mʌ́ltəplài]	곱하다
negative [négətiv]	음수의
parentheses [pərénθəsìːz]	괄호(복수형. 단수형은 parenthesis)
positive [pázətiv / pɔ́zətiv]	양수의
replace [ripléis]	대체하다
subtract [səbtrǽkt]	빼다
subtraction [səbtrǽkʃən]	뺄셈
variable [vɛ́əriəbl]	변수
do the opposite	직역하면 '반대로 하다' 인데, 1차방정식의 변수를 한쪽 편으로 모아 한 항으로 정리하기 위해 변수가 붙어 있지 않은 숫자를 등호 반대편으로 이동시키기는 것을 말한다. 덧셈에는 뺄셈, 곱셈에는 나눗셈을 이용하여 숫자를 등호 반대편으로 이동시킨다.
linear equation	1차방정식
Order of Operations	계산 순서
plug in	꽂아 넣다, 적용하다

학기와 입학 절차

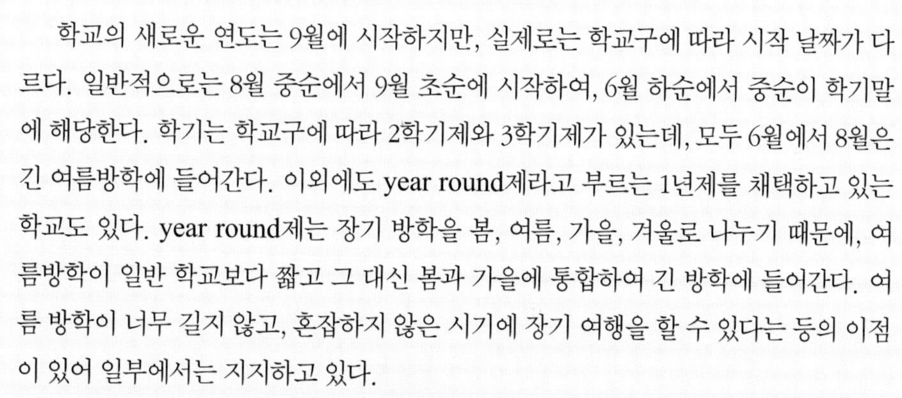

학교의 새로운 연도는 9월에 시작하지만, 실제로는 학교구에 따라 시작 날짜가 다르다. 일반적으로는 8월 중순에서 9월 초순에 시작하여, 6월 하순에서 중순이 학기말에 해당한다. 학기는 학교구에 따라 2학기제와 3학기제가 있는데, 모두 6월에서 8월은 긴 여름방학에 들어간다. 이외에도 year round제라고 부르는 1년제를 채택하고 있는 학교도 있다. year round제는 장기 방학을 봄, 여름, 가을, 겨울로 나누기 때문에, 여름방학이 일반 학교보다 짧고 그 대신 봄과 가을에 통합하여 긴 방학에 들어간다. 여름 방학이 너무 길지 않고, 혼잡하지 않은 시기에 장기 여행을 할 수 있다는 등의 이점이 있어 일부에서는 지지하고 있다.

중학교 입학 절차는 지정된 기간 내에 필요한 서류를 기입하여 school district office(학교구 사무소)에 제출한다. 서류는 school district office에서 우송해 주는 경우와 본인이 웹사이트에서 다운로드를 하던가 직접 가서 가져와야 하는 경우가 있다. 외부에서 전입해 왔을 때 필요한 서류에는 학교구에 제출할 등록표, 건강진단서, 예방접종 기록, 출생증명서 또는 미국체재 자격을 증명하는 서류, 학교구가 지정하는 주거 증명서, 성적증명서 등이 있다.

Step 02 Listen & Write

Ardell 선생님의 3교시 수학 수업은 다음과 같은 순서로 진행됩니다. CD를 통해 수업을 들으면서 오른쪽 페이지에 핵심 단어와 표현들을 메모해 보세요.

● 1차방정식이란

1차방정식이란 '변수를 포함하는 등식' 이라는 선생님의 설명으로 수업이 시작합니다.

● 1차방정식의 해법

1차방정식의 기본 규칙에 대한 설명입니다. do the opposite(반대로 하다)를 하는 것이라고 이해하기 쉽게 설명해줍니다.

● PEMDAS

계산 순서를 외우기 위한 영어의 언어유희입니다. 이는 Parentheses, Exponents, Multiplication, Division, Addition, Subtraction의 첫 글자를 따온 것입니다.

● 계산 연습

마지막으로 선생님은 실제 수식을 예로 들어 do the opposite와 PEMDAS를 적용하며 x의 값을 구하기 위한 계산 순서를 설명합니다.

Dictation

● 1차방정식이란

● 1차방정식의 해법

● PEMDAS

● 계산 연습

Step 03
Listen & Check

Ardell 선생님이 설명한 수학 수업 내용의 핵심입니다. 핵심 내용을 바탕으로 CD를 들으면서 수업 내용을 파악하세요.

● 1차방정식이란

Ardell 선생님은 우선 제일 먼저 1차방정식이란 '변수를 포함하는 등식' 이라는 것을 설명합니다. 또 많은 사람들이 자신도 모르는 사이에 1차방정식을 푸는 방법을 이해하고 있는데, 자신이 1차방정식을 풀고 있다는 사실을 알지 못하고 있다고 설명합니다. 예를 들면 우리는 모두 $4+5=9$라는 사실을 알고 있는데, $4+x=9$라는 수식을 봤을 때는 x 부분에 들어갈 올바른 숫자를 적용하는 것만으로 같은 수식이 성립한다(즉 1차방정식을 풀고 있다)는 사실을 의외로 깨닫지 못하고 있습니다.

● 1차방정식의 해법

다음으로 선생님은 1차방정식을 푸는데 있어 우선 알아두어야 할 기본적인 규칙들에 대해 설명합니다. 우선 제일 먼저 알아두어야 할 점은 변수를 등식의 한쪽 편으로 몰아 정리하고, 그 이외의 숫자들을 반대편으로 몰아 정리하는 것입니다. 이와 같은 테크닉을 do the opposite라고 표현합니다. 덧셈은 뺄셈, 곱셈은 나눗셈 같은 방법으로 반대의 계산방법을 적용하여 숫자를 반대편으로 이동시켜 정리할 수 있습니다. 예를 들어 $6x+5=53$이라는 수식은 등식의 양쪽에서 5를 빼면 왼쪽에서 5가 없어집니다.

● PEMDAS

학교 수업에서 언어유희를 이용해서 연대나 사람 이름을 외우기도 하는데, PEMDAS는 계산 순서를 외우기 위한 영어 언어유희입니다. 한 수식 안에 덧셈과 곱셈, 지수 등 서로 다른 계산이 포함된 경우에 〈괄호 안 → 지수 → 곱셈 · 나눗셈 → 덧셈 · 뺄셈〉 순서로 계산합니다. PEMDAS의 P는 Parentheses(괄호), E는 Exponents(지수), M은 Multiplication(곱셈), D는 Division(나눗셈), A는 Addition(덧셈), S는 Subtraction(뺄셈)을 뜻합니다. 단 예외도 있어 PEMDAS 순으로 계산하지 않는 경우도 있습니다. 또 선생님은 곱셈과 나눗셈, 또는 덧셈과 뺄셈이 같은 수식에 들어 있는 경우에는 '왼쪽에서 오른쪽' 순으로 계산한다고 설명합니다.

● 계산 연습

마지막으로 선생님은 $\frac{3}{4}x+4 \cdot \frac{1}{2}=-7$ 을 예로 들어 do the opposite와 PEMDAS를 적용하여 x의 값을 구하는 계산 순서에 대해 설명합니다. 우선 처음에는 $4 \cdot \frac{1}{2}$(곱셈 · 나눗셈)을 계산하고, 다음에는 그 답으로 나온 2를 오른쪽으로 이동시킵니다(do the opposite와 덧셈 · 뺄셈). 마지막으로 등호의 오른쪽을 $\frac{3}{4}$으로 나누어 x의 값을 구합니다.

Ardell 선생님이 설명한 수학 수업 스크립트와 해석입니다. CD를 통해 수업을 들으면서 단어 하나, 표현 하나까지 확인해가며 다시 한 번 집중해서 들어보세요.

Track 09

Solving Linear Equations

❶ Good morning, class. Today we are going to learn how to solve **linear equation**s. Some can be very easy, but others can be quite difficult. So we will begin with the basic, and once you understand how to solve an easy equation, we can learn some that are more difficult.

❷ To begin with, I want to explain exactly what the definition of a **linear equation** is: A **linear equation** is an equation that has a letter, which is a **variable**, often an x, or an n in place of a number. An example of a **linear equation** is: $3x=15$, therefore we all know that $x=5$ because $3 \cdot 5=15$.

❸ Most people know how to solve **linear equation**s, but are not aware that the problem actually is a **linear equation**. Most people know that $4+5=9$ but when they see that $4+x=9$, they do not realize that all you need is **plug in** the correct number. It is important to understand the basic idea in order to complete more advanced **linear equation**s.

❹ When beginning more difficult **linear equation**s, the most important thing to remember is that you must keep the **variable** on one side and all of the numbers on the other side. Often, this will involve many different steps.

❺ An example here is $6x+5=53$. The goal is to have the x on one side of the equal sign and the numbers on the other. In this case, it is necessary to '**do the opposite**' to both sides.

❻ For example, you have $6x$ will remain on the left side of the equal sign, but I need to move the 5 to the other side. I am going to **do the opposite** of adding 5 to both sides. This would give me $6x+5-5=53-5$.

1차방정식 풀기

❶ 좋은 아침이에요. 오늘은 1차방정식의 해법에 대해 공부하겠습니다. 아주 쉬운 문제도 있고 아주 어려운 문제도 있습니다. 따라서 기본부터 시작해서 쉬운 방정식을 푸는 방법을 이해한 뒤에, 더 어려운 문제를 푸는 방법을 공부하겠습니다.

❷ 우선 먼저 1차방정식의 정확한 정의에 대해 설명하겠습니다. 1차방정식은 변수라고 부르는 문자를 가진 등식으로, 변수는 보통 숫자 대신에 x나 n을 사용합니다. 1차방정식의 예를 들어 보겠습니다. $3x=15$. 여기서 $3 \cdot 5=15$이므로 $x=5$임을 알겠지요.

❸ 많은 사람들이 1차방정식의 해법을 알고 있는데도, 실은 그 문제가 1차방정식이라는 것을 깨닫지 못하고 있습니다. 여러분은 $4+5=9$는 알면서도, $4+x=9$라는 식을 보면서 올바른 숫자를 적용하기만 하면 된다는 사실을 깨닫지 못하고 있습니다. 이보다 조금 더 고급의 1차방정식을 풀기 위해서는 이와 같은 기본적인 개념을 이해하는 것이 중요합니다.

❹ 더 어려운 1차방정식을 풀 때 기억해야 할 가장 중요한 요점은 변수를 한쪽 편에 두고, 다른 숫자들은 모두 반대편에 둔다는 것입니다. 그렇게 하기 위해서는 몇 가지 단계를 거쳐야 할 필요가 있습니다.

❺ 여기에 있는 예는 $6x+5=33$입니다. 우리의 목표는 x를 등호의 한쪽 편으로 놓고 다른 숫자들을 반대편에 정리하는 것인데, 이 문제에서 그렇게 하기 위해서는 등호 양쪽에 do the opposite를 행할 필요가 있습니다.

❻ 예를 들면 $6x$는 등호의 왼쪽에 남겨놓고, 5를 반대편으로 움직일 필요가 있습니다. 그래서 선생님은 더하기 5의 반대 행동을 양쪽에 할 겁니다. 즉 $6x+5-5=53-5$가 되겠지요.

Track 10

⑦ Now I have **subtract**ed 5 from both sides. I now have $6x=48$. Then I will have to '**do the opposite**' of $6 \cdot x$ to both sides. Now I have $\frac{6x}{6}=\frac{48}{6}$ and because $\frac{6x}{6}=1$, I now have $1x=8$, which means that $x=8$.

⑧ That was an easy **linear equation**; so now we solve an equation that has many more steps involved. This time we will include both **positive** and **negative integers**.

⑨ Let's solve $x-7=-15$. We will solve the same way that we solved the last problem, even though it appears more complicated. We will still want to separate the **variable** from the other numbers, so we must begin by moving the 7 to the opposite side.

⑩ We have $x-7=-15$. In order to solve this, the equation becomes $x-7+7=-15+7$. Now we have $x=-8$. Once again, that was a problem that looks difficult but really is not. Now we will solve a more complicated problem. And this problem has several steps.
$\frac{x}{5}+31=36$

⑪ This problem can be solved using the same method as before. First we need to move the 31 to the other side of the equal sign. That will give us, $\frac{x}{5}+31-31=36-31$. Now we have $\frac{x}{5}=5$. Now we need to do something new. We need to move the 5 to the other side of the equal sign. We do that by '**do**ing **the opposite**.' Because $\frac{x}{5}$ really means x divided by 5, we will **do the opposite** of dividing, which we all know is **multiply**ing. So we will **multiply** both sides by 5. We are now able to solve it. $x=25$. It is always good to check your work and see if your answer is correct.

⑦ 이제 양쪽에서 5를 뺐으니 $6x = 48$이 되지요. 이번에는 양쪽에 $6 \cdot x$의 do the opposite(반대로 하다)가 필요합니다. 그러면 $\frac{6x}{6} = \frac{48}{6}$이 되고, $\frac{6x}{6} = 1(x)$ 이므로 $1x = 8$, 즉 $x = 8$입니다.

⑧ 이 문제는 간단한 1차방정식이었습니다. 그러면 이번에는 더 많은 단계를 거쳐야 하는 방정식을 풀어볼까요. 이번에는 양의 정수와 음의 정수 양쪽을 생각해 봅시다.

⑨ $x-7 = -15$를 풀어보겠습니다. 이 방정식은 앞에 나온 문제보다 어려운 것처럼 보이지만, 앞의 문제와 같은 방법으로 풀 수 있습니다. 마찬가지로 이 문제도 변수를 다른 숫자들과 분리해야 하므로 7을 반대쪽으로 이동시키는 것에서 시작합니다.

⑩ 문제는 $x-7 = -15$이지만, 이 문제를 풀기 위해 이 등식을 $x-7+7 = -15+7$이라고 합니다. 그러면 $x = -8$이 됩니다. 이 문제도 언뜻 보기에는 어렵게 보였지만 실제로는 간단하지요. 그러면 조금 더 복잡한 문제를 풀어 볼까요. 이 문제를 풀기 위해서는 몇 가지 단계를 거쳐야 합니다.

$\frac{x}{5} + 31 = 36$

⑪ 이 문제도 다른 문제를 풀었던 것과 같은 방법으로 풀 수 있습니다. 먼저 31을 등호 반대쪽으로 이동시킵니다. 그러면 식은 $\frac{x}{5} + 31 - 31 = 36 - 31$이 됩니다. 즉 $\frac{x}{5} = 5$가 되지요. 여기에서 새로운 테크닉을 이용할 필요가 있습니다. 5를 등호 반대쪽으로 이동시켜야 하는데, 그러기 위해서는 $\frac{x}{5}$의 반대 행동을 취합니다. $\frac{x}{5}$는 x 나누기 5를 뜻하므로, 나눗셈의 반대 행동을 합니다. 나눗셈의 반대가 곱셈이라는 것은 여러분도 알고 있지요. 그러므로 양쪽에 5를 곱합니다. 이와 같은 방법으로 이 문제를 풀 수 있습니다. $x = 25$이네요. 항상 자신이 계산한 문제를 체크하여 답이 맞는지 확인하세요.

⑫ To do that, we will **plug in** 25 where the x was in the original equation: $\frac{25}{5}+31=36$. Because 25 divided by 5 is 5, we can say that $5+31=36$ and know that our answer is correct.

⑬ We will do one last problem, but we will need to use the **Order of Operations** in this problem. The **Order of Operations** is often called PEMDAS, which refers to the order in which an equation should be solved: **Parentheses**, **Exponents**, **Multiplication**, **Division**, **Addition**, and **Subtraction**. P-E-M-D-A-S can be a bit **misleading**, because the order of **Multiplication** and **Division** may actually be switched, so may the order of **Addition** and **Subtraction**, but both pairs should be solved from left to right.

⑭ Here is an example of what I mean.

$5-9\div3\cdot2$

Although there is a **division** symbol before the **multiplication** symbol, because the **division** symbol is to the left of the **multiplication** symbol, it will be solved first. This problem will look like this: $5-9\div3\cdot2=5-(9\div3)\cdot2$ which is $5-3\cdot2$ which then becomes $5-(3\cdot2)$ which is $5-6$ which then equals -1.

⑮ So, our last problem will require us to use the **Order of Operations**, as we solve for the **variable** x.

$\frac{3}{4}x+4\cdot\frac{1}{2}=-7$

Before we move any number to the other side, we must first solve anything that we can on the same side. For example, we can solve $4\cdot\frac{1}{2}$ this gives us 2. We now have: $\frac{3}{4}x+2=-7$. We can now move the 2 to the other side, by **subtract**ing 2 from both sides. This gives us $\frac{3}{4}x+2-2=-7-2$. We can now solve this to be, $\frac{3}{4}x=-9$.

⑫ 확인을 하려면 25를 원래 방정식의 x 자리에 갖다 놓습니다. 그러면 $\frac{25}{5}+31=36$이 됩니다. 25 나누기 5는 5이므로, $5+31=36$이 되어서 답이 맞는다는 것을 알 수 있습니다.

⑬ 그러면 이제 마지막 문제를 풀어보겠는데, 이 문제에서는 '계산 순서'를 적용할 필요가 있습니다. 계산 순서는 'PEMDAS'라고도 부르는데, 이는 방정식을 계산하는 순서를 나타냅니다. P는 Parentheses(괄호), E는 Exponents(지수), M은 Multiplication(곱셈), D는 Division(나눗셈), A는 Addition(덧셈), S는 Subtraction(뺄셈)을 뜻합니다. 곱셈과 나눗셈의 순서는 반대가 되는 경우도 있고 덧셈과 뺄셈도 순서가 반대로 되는 일이 있으므로, PEMDAS는 오해를 일으키는 경우도 있습니다. 곱셈과 나눗셈, 덧셈과 뺄셈 모두 왼쪽에서 오른쪽 순서로 풀어 갑니다.

⑭ 예를 보겠습니다.

$5-9\div3\cdot2$

나눗셈 기호가 곱셈 기호 앞에 있는데, 나눗셈의 기호가 곱셈 기호의 왼쪽에 있으므로 나눗셈을 먼저 계산합니다. 즉, 이 문제는 다음과 같이 됩니다. $5-9\div3\cdot2=5-(9\div3)\cdot2$. 즉 $5-3\cdot2$로, $5-(3\cdot2)$이 되고, 이는 $5-6$이므로 답은 -1입니다.

⑮ 마지막 문제를 풀려면 변수 x값을 구하기 위해 '계산 순서'를 적용해야 합니다.

$\frac{3}{4}x+4\cdot\frac{1}{2}=-7$

숫자를 등호 반대편으로 이동시키기 전에, 같은 쪽에서 풀 수 있는 계산은 미리 할 필요가 있습니다. 예를 들어 $4\cdot\frac{1}{2}$을 계산하면 2가 됩니다. 그러면 이 식은 $\frac{3}{4}x+2=-7$이 됩니다. 다음은 양쪽에서 2를 빼서, 2를 반대쪽으로 이동시킬 수 있습니다. 그 결과 $\frac{3}{4}x+2-2=-7-2$가 됩니다. 이 식을 풀면 $\frac{3}{4}x=-9$가 됩니다.

Step 04

Track 12

⑯ Now we will divide both sides by $\frac{3}{4}$, and we will have $\frac{3/4x}{3/4} = \frac{-9}{3/4}$. We can solve this by saying that $x = -9 \div \frac{3}{4}$, which means that $x = -9 \cdot \frac{4}{3}$, which is $x = -\frac{36}{3}$, which gives us our answer of $x = -12$.

⑰ Now let's **plug in** the -12 to the original problem to be sure our answer is correct.

⑱ Our original problem was $\frac{3}{4}x + 4 \cdot \frac{1}{2} = -7$. We will **replace** the x with -12, and see if it is correct. Let's begin: $\frac{3}{4} \cdot -12 + 4 \cdot \frac{1}{2} = -7$. This gives us $-9 + 2 = -7$, therefore, $-7 = -7$ which means we are correct.

수학 공부에 꼭 필요한 용어들을 좀더 살펴볼까요.

binomial	2항식의	**polynomial**	다항식(의)
calculus	미적분학	**radical**	근호(√‾)
differential	미분	**sequence**	수열
factor	인수, 인수분해하다	**series**	급수
factorization	인수분해	**summation**	합계, 가법
geometry	기하학	**trigonometry**	삼각함수
logarithm	대수	**trinomial**	3항식(의)
monomial	단항식(의)	**variation**	변분

⑯ 다음에는 양쪽을 $\frac{3}{4}$ 으로 나누면, 이 식은 $\frac{3/4x}{3/4}=\frac{-9}{3/4}$ 가 됩니다. 그 결과 $x=-9\div\frac{3}{4}$이 되고, 이것은 $x=-9\cdot\frac{4}{3}$라는 의미입니다. 즉 $x=\frac{-36}{3}$으로, 답은 $x=-12$입니다.

⑰ 그러면 −12를 본래 방정식에 적용하여 답이 맞는지 확인합시다.

⑱ 본래 문제는 $\frac{3}{4}x+4\cdot\frac{1}{2}=-7$이었습니다. x를 −12로 바꾸어 놓고, 이 답이 맞는지 살펴보겠습니다. 그럼 시작해 볼까요. $\frac{3}{4}\cdot -12+4\cdot\frac{1}{2}=-7$. 그래서 $-9+2=-7$이므로, $-7=-7$. 답이 맞는다는 것을 의미합니다.

absolute value	절대값
binomial theorem	2항 정리
complex numbers	복소수
conic section	원뿔 곡선
differential calculus	미분학
imaginary number	허수
integral calculus	적분학
Pythagorean Theorem	피타고라스의 정리
quadratic equation	2차방정식

곱셈 공식

difference of two cubes

$A^3-B^3=(A-B)(A^2+AB+B^2)$

sum of two cubes

$A^3+B^3=(A+B)(A^2-AB+B^2)$

difference of two squares

$A^2-B^2=(A+B)(A-B)$

perfect square trinomials

$(A+B)^2=A^2+2AB+B^2$, $(A-B)^2=A^2-2AB+B^2$

Homework

■ 수식 계산 문제는 그다지 어렵지 않지만, 문장을 읽는 응용문제라면 얘기가 조금 달라지지요. 다음 문제를 수식으로 표현해 보세요..

❶ When 10 times a number is decreased by 5, the result is 35.
What is the number?

❷ When a number is decreased by 35% of itself, the result is 63.
What is the number?

❸ One number exceeds another by 35. The sum of the numbers is 105.
What are the numbers?

■ 다음 문제를 풀어보세요.

❹ After a 15% discount, you purchased a MP3 player for $187.
What was the MP3 player's price before the discount?

❺ Including 7.5% sales tax, the hotel room charge was $161.25 per night.
Find the hotel room's room charge before the tax.

간단한 문제이지만,
영어로 표현하니 어렵게
보이지요. 곰곰이 생각해
보세요.

Math: Algebra

4교시 수업

Math: Algebra 수학-대수

4교시 수업은 그래프입니다. 이번 시간에는 간단한 선그래프를 이용해서 그래프와 관련된 용어와 그래프의 기울기를 계산하는 방법을 배웁니다. 그래프 수업에는 계산의 기초 용어 이외에도 그래프만의 독특한 용어가 많이 등장합니다. 여러분도 알고 있듯이 그래프는 수학의 내용이 어려워질수록 점점 빈번하게 사용하며 중요도가 높아집니다. 또 그래프 용어의 지식은 비즈니스 상황에서 프레젠테이션을 할 때 그래프나 순서도 등을 활용하여 설명하기도 하지요.

이번 수업은 그래프를 참고하여 CD를 들으면서 각각의 용어를 주의 깊게 잘 들어보세요. 학교에서 공부했을 때는 조금 따분하다고 느꼈던 그래프도 영어 공부와 함께 배우면 또 다른 재미를 느낄 겁니다.

Graph and Slope
그래프와 기울기

Teacher : Ardell

Step 01 Vocabulary

4교시 수학 수업에 꼭 필요한 단어와 용어입니다.
먼저 예습을 열심히 한 후 수업을 들으세요.

○ **accurate** [ǽkjuərət]	정확한
○ **axis** [ǽksis]	축
○ **coordinate** [kouɔ́ːrdənət]	좌표
○ **consecutive** [kənsékjutiv]	연속적인, 연속한
○ **correspond** [kɔ̀ːrəspánd]	상당하다, 일치하다
○ **cross** [krɔ́ːs / krɔ́s]	횡단하다, 건너다
○ **equation** [ikwéiʒən / ikwéiʃən]	방정식
○ **formula** [fɔ́ːrmjulə]	식, 공식
○ **fraction** [frǽkʃən]	분수
○ **graphing** [grǽfiŋ / grɑːfiŋ]	(명사) 그래프 (동사 '그래프를 그리다' 로도 사용)
○ **horizontal** [hɔ̀ːrəzántl / hɔ̀ːrizɔ́ntl]	수평
○ **intercept** [ìntərsépt]	절편
○ **label** [léibəl]	라벨 (동사는 '이름을 붙이다' 로 사용)
○ **legend** [lédʒənd]	범례
○ **measure** [méʒər]	측정하다, 재다
○ **perpendicular** [pə̀ːrpəndíkjulər]	수직
○ **reduce** [ridjúːs]	이 수업에서는 '약분하다'
○ **slope** [slóup]	기울기
○ **vertical** [və́ːrtikəl]	수직

bar graph	막대그래프
broken-line graph	꺾은선그래프
circle graph	원그래프
line graph	선그래프
ordered pair	순서쌍
scatter graph	분산그래프, 산포도
whole number	정수

Step 02 Listen & Write

Ardell 선생님의 4교시 수학 수업은 다음과 같은 순서로 진행됩니다. CD를 통해 수업을 들으면서 오른쪽 페이지에 핵심 단어와 표현들을 메모해 보세요.

● 선그래프의 기초

우선 그래프에 관한 기본 용어를 설명합니다.

● 기울기

다음은 그래프의 기울기와 계산 방법에 대한 설명입니다.

● 그래프 그리는 방법

이어서 방정식을 그래프로 옮기는 연습을 합니다.

Dictation

● 선 그래프의 기초

● 기울기

● 그래프 그리는 방법

Step 03
Listen & Check

Ardell 선생님이 설명한 수학 수업 내용의 핵심입니다. 핵심 내용을 바탕으로 CD를 들으면서 수업 내용을 파악하세요.

● 선그래프의 기초

Ardell 선생님은 우선 제일 먼저 그래프에 관한 기본 용어를 설명합니다. 그래프의 종류, x좌표와 y좌표, 그래프 위의 점을 읽는 방법, 범례, 순서쌍 등 그래프 문제를 푸는데 꼭 알아 두어야 할 용어가 차례차례 등장하므로 하나씩 외워갑시다. 이번 수업의 주제는 단순한 line graph(선그래프)이지만, 이것은 여러 그래프의 기본이 됩니다.

● 기울기

다음으로 선생님이 설명한 것은 그래프의 기울기와 그 계산 방법입니다. 선생님은 그래프 위의 두 개의 점을 선택하여, 그 두 점간의 y의 차이를 x의 차이로 나누어서 기울기를 계산할 수 있다고 설명합니다. 이 계산을 식으로 나타내면 $m=\frac{y_2-y_1}{x_2-x_1}$ 이 됩니다. 이 예와 같이 기울기의 변수는 m을 사용합니다. 일상생활에서 '줄이다', '줄다'를 뜻하는 reduce가 이번 수업에서는 '약분하다'는 의미로 사용되었습니다. 이러한 표현은 특별히 수학에서만 사용하는 용어이지요. 이번 수업 시간에 다루는 기울기 계산은 그래프 선이 오른쪽 위로 올라가는(기울기가 양수) 단순한 것들이지만, 때로는 그래프 선이 오른쪽 밑으로 내려가는(기울기가 음수) 것도 있으며, 정수가 아니라 분수가 되는 경우도 있다는 설명도 나옵니다.

● 그래프 그리는 방법

그러면 이번에는 방정식을 그래프로 나타내는 연습입니다. 1차방정식의 표준형은 $y=mx+\mathrm{b}$입니다. 이 방정식 안에는 기울기(m), y절편(b)이 들어있습니다. 선생님은 $y=\frac{1}{2}x+2$를 예로 들어, 그래프가 항상 (0,0)−origin(원점)이라고 부른다−에서 시작하는 것은 아니라는 점을 설명합니다. 또 그리고 기울기가 $\frac{1}{2}$처럼 분수일 경우에는 그래프 선을 어떻게 그려야 하는지도 쉽게 설명합니다. 마지막에는 그래프 위의 한 점을 선택해 공식에 적용해 식이 맞는지 확인하는 작업을 합니다.

교과목

교과목은 Core(필수과목)와 Electives(선택과목)으로 나뉜다. 일반적으로는 Required Courses로서 Core와 PE(Physical Education: 체육), 그리고 Elective 몇몇 과목을 이수한다. 학습도달도와 흥미에 따라 자신이 필요하다고 생각하는 과목을 선택해서 이수하기 때문에 학급 단위가 아닌 한 사람 한 사람이 서로 다른 시간표로 학습을 한다.

● Core

Core 교과는 English/Language Arts(영어 · 언어과), History/Social Studies(역사 · 사회과), Mathematics(수학), Science(과학) 4과목이다. 영어는 지정 교과서를 사용한다. 수학은 성적별로 학급이 나뉘어 있다. 사회과는 고대문명, 종교, 중세까지의 역사와 미국사를 학습하며, 미이라 만들기 체험학습이나 함무라비 법전에 따른 모의재판 등 여러 아이디어로 고안된 학습내용으로 이루어져 있다. 과학은 G6에서 Earth Science(지구과학), G7에서 Life Science(생물), G8에서 Physical Science(물리)와 같이 각 분야에 대해 학습한다. 지역 기업이나 대학에서 전문가를 초청한 수업도 수시로 이루어지고 있다.

● Elective

Elective는 우리나라의 미술, 음악, 기술 · 가정,외국어 분야에 해당하는데, 학기마다 선택하는 과목과 1년 동안 듣는 과목이 있다. 일반적으로 G6에서는 아직 자신이 흥미를 갖고 있는 분야가 무엇인지 분명하지 않은 경우가 많다. 따라서 학생들에게 가능성을 찾게 하기 위해서 G6의 Elective는 Exploratory Wheel 또는 Cycle Classes 등의 명칭으로 부르는 여러 선택과목을 약 6주마다 바꾸어 시험 삼아 수업을 들어볼 수 있도록 지정한 경우도 있다. 이 경험을 바탕으로 G7 이후에는 본인이 배우고 싶은 과목을 선택해서 이수한다.

Step 04
Listen & Review

Ardell 선생님이 설명한 수학 수업 스크립트와 해석입니다. CD를 통해 수업을 들으면서 단어 하나, 표현 하나까지 확인해가며 다시 한 번 집중해서 들어보세요.

Track 13

Graph and Slope

❶ Good morning, class. Today we are going to start a new topic on **line graph**s, **graphing** and **slope**. As we begin to graph, it is important to understand that there are many different types of graphs. There are **line graph**s, **scatter graph**s, **bar graph**s, **broken-line graph**s, **circle graph**s, and many more. Today we will just going to focus on a simple graph with x and y **coordinate**s.

❷ On a **line graph**, there are two sides to the graph. The **vertical** side is the y **coordinate**, and the **horizontal** side is the x **coordinate**. These lines are **perpendicular** to each other, and they meet at a point which is **label**ed (0,0).

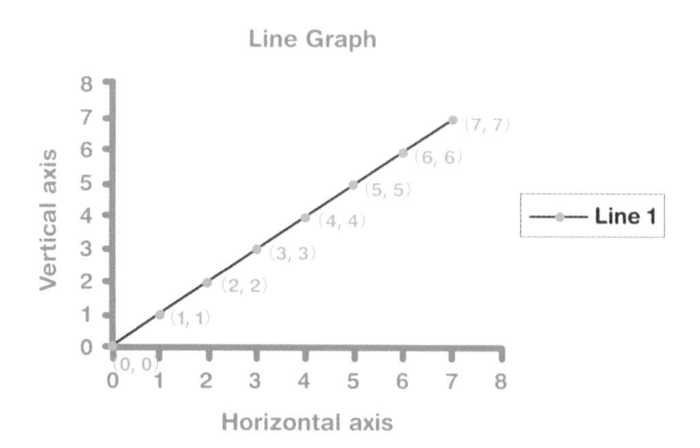

❸ Here is an example of a **line graph**. You will notice that there are many **label**s on this graph. The first **label** is the Title up at the top. Both the x **axis** and the y **axis** are **label**ed as well. The box on the right is called the **legend**. The **legend label**s the line going through the graph. The most important parts of this graph are the **coordinate**s which have been identified. The **coordinate**s are the blue numbers which **correspond** to points on the graph.

그래프와 기울기

❶ 여러분, 좋은 아침이에요. 오늘은 새로운 주제인 선그래프에 대해 그리는 방법과 기울기 이야기를 하겠습니다. 그래프를 공부하기에 앞서 우선 그래프에는 여러 종류가 있다는 사실을 알아두는 것이 중요합니다. 그래프에는 선그래프, 분산그래프, 막대그래프, 꺾은선그래프, 원그래프 이외에도 여러 종류가 있습니다. 오늘 수업에서는 x좌표와 y좌표로 구성된 단순한 그래프에 초점을 맞추어 이야기하겠습니다.

❷ 선그래프에는 2개의 변이 있습니다. 수직인 변이 y좌표, 수평인 변이 x좌표입니다. 이들 선은 서로 수직이며, (0,0)으로 표기되는 점에서 만납니다.

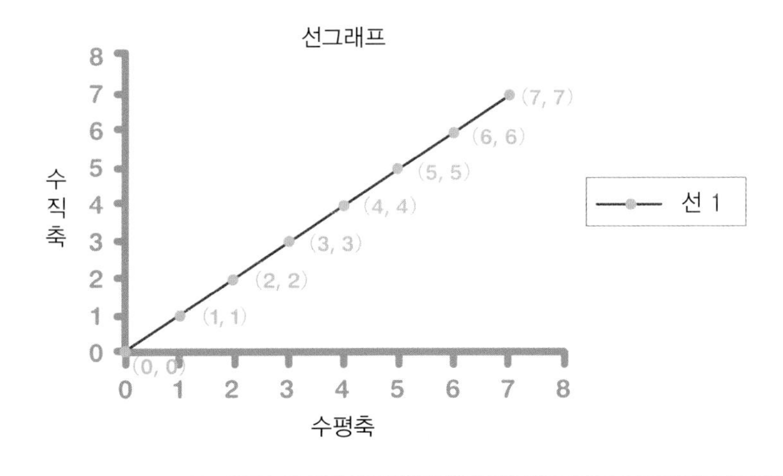

❸ 이 선그래프를 예로 보겠습니다. 이 그래프 위에 표기가 많이 되어 있지요. 제일 처음에 나온 표기는 맨 위에 있는 제목입니다. x축과 y축 양쪽 선에도 표기가 있습니다. 오른쪽에 있는 박스는 범례라고 부릅니다. 범례는 그래프에 그려진 선의 명칭입니다. 이 그래프에서 가장 중요한 것은 그래프 위에 표기된 좌표입니다. 이 그래프에서는 그래프 위의 점을 나타내는 파란색 숫자가 좌표입니다.

Step 04

Track 14

④ The first number tells you where the point falls on the x **axis**, and the second number is where the point falls on the y **axis**. Together these numbers are called an **ordered pair**. The numbers do not need to be the same. Right now the pairs are (1,1) or (2,2). These numbers will change depending on the **slope** of the line.

⑤ The **slope** of a line **measures** how steep a line is. The **formula** for the **slope** of a line is $m=\frac{y_2-y_1}{x_2-x_1}$. This is determined in our first graph by looking at two points. We will first look at the **coordinate**s (1,1), and the **coordinate**s directly after that are (2,2). In an **ordered pair**, the x comes before the y. Therefore, if we look at the **equation** we will see that $m=\frac{2-1}{2-1}$. When you **reduce** this **fraction**, you will now have $m-\frac{1}{1}$. We can see that the **slope** of the first graph is 1.

⑥ Another way to look at this: if you move one space over, how many spaces do you move up? The answer is one space; therefore, the **slope** is 1. In the second graph below, we have changed the **slope**. Let's first look at the **equation**, and then we can determine the **slope**.

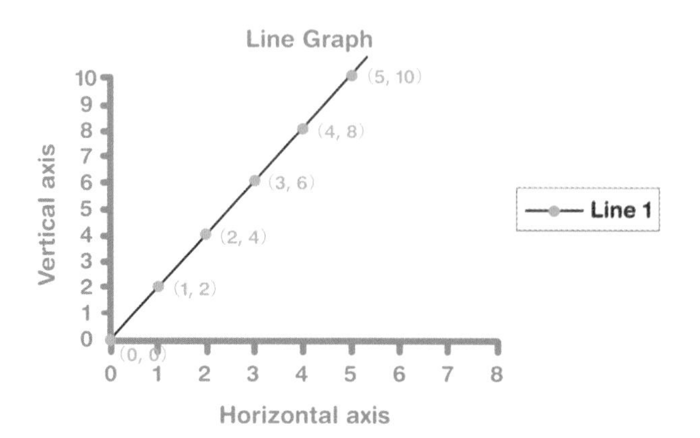

④ 첫 번째 숫자는 그 점이 그래프 x축의 어디에 있는지를 가리키며, 두 번째 숫자는 점이 y축의 어디에 해당하는지를 가리킵니다. 이 두 개의 숫자를 같이 표기한 것을 순서쌍이라 부릅니다. 이 두 숫자가 같을 필요는 없습니다. 이 그래프에서는 (1,1)이나 (2,2)와 같이 쌍을 이루고 있지만, 이 숫자는 선의 기울기에 따라 변화합니다.

⑤ 선의 기울기는 선의 경사 정도를 계산한 것입니다. 선의 기울기를 계산하는 공식은 $m=\frac{y_2-y_1}{x_2-x_1}$ 입니다. 우리가 본 첫 번째 그래프에서 2개의 점을 비교하여 얻을 수 있습니다. 처음에 (1,1)의 순서쌍, 그 다음에 (2,2)의 순서쌍이 있지요. 순서쌍에서는 x의 값이 y앞에 옵니다. 따라서 앞의 공식에 적용시키면 $m=\frac{2-1}{2-1}$ 이 됩니다. 이 분수를 약분하면 $m=\frac{1}{1}$ 이 되지요. 따라서 첫 번째 그래프의 기울기는 1임을 알 수 있습니다.

⑥ 기울기를 계산하는 또 한 가지 방법은 (수평축을 오른쪽으로) 1만큼 움직였을 때, (수직축이) 얼마나 위로 올라가는지 보는 것입니다. 이 그래프에서 답이 1이므로, 기울기는 1이 됩니다. 다음 그래프를 볼까요. 아래에 있는 두 번째 그래프는 기울기가 바뀌었습니다. 앞에 나온 방정식을 이용해 기울기를 계산할 수 있습니다.

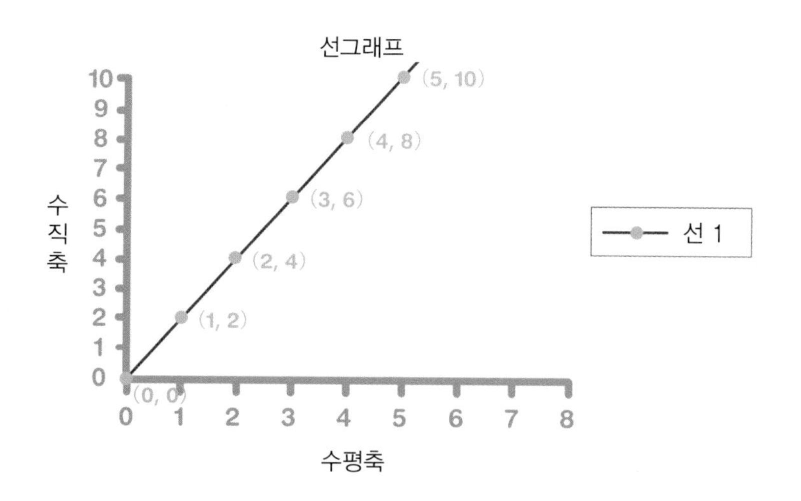

⑦ The **equation** in this graph is $m=\frac{y_2-y_1}{x_2-x_1}$. Therefore, if we plug in two **consecutive** points on this graph, we will find the **slope** of the new graph: $m=\frac{6-4}{3-2}$. We have chosen to use the two **coordinate**s (2,4) and (3,6). This **fraction** gives us $\frac{2}{1}$. When **reduce**d, the **fraction** equals 2, therefore, the **slope** of the second graph is 2. It is important to remember that graphs may be more complicated than the two graphs here. Graphs may include both positive and negative numbers. The **slope** of a graph can also be more complicated. The **slope** can be a **whole number** or a **fraction**. The slope can be positive or negative, and a **slope** does not need to be a straight line like you see above.

⑧ Another example is to write an **equation** and then graph it. Let's try this. For example, if $y=\frac{1}{2}x+2$, we can find both the **slope** of the **equation** and what's called the y **intercept**. This means that we can identify where y will **cross** when x is at 0. Let's begin. If $y=\frac{1}{2}x+2$, we know that when $x=0$, then $y=\frac{1}{2}\cdot 0+2$. Because any number multiplied by 0 will equal 0, we now have $0+2$. Therefore, $y=2$. Now, let's graph this **equation** to see how it will look.

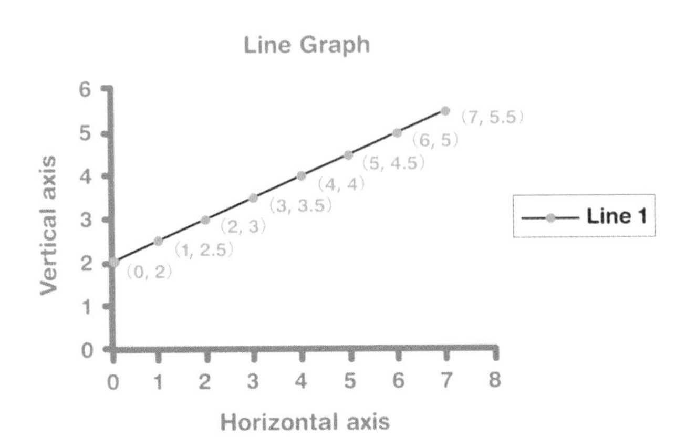

⑦ 이 그래프의 방정식은 $m=\frac{y_2-y_1}{x_2-x_1}$ 입니다. 그래프 위의 연속된 두 개의 점을 이 방정식에 적용시키면 이 그래프의 기울기를 구할 수 있습니다.
여기에서는 $m=\frac{6-4}{3-2}$ 이 됩니다. (2,4)와 (3,6) 2개의 점을 선택하여 방정식에 적용하였습니다. 이 분수를 계산하면 $\frac{2}{1}$가 됩니다. 이 분수를 약분하면 2가 되므로, 두 번째 그래프의 기울기가 2임을 알 수 있습니다. 그래프는 여기에 소개한 두 개의 그래프보다 복잡한 그래프가 될 수도 있다는 사실을 잘 기억해 두세요. 그래프에 양수와 음수 모두가 들어간 경우도 있습니다. 그래프의 기울기가 더 복잡해지는 경우도 있습니다. 기울기가 정수인 경우도 있으며, 분수일 경우도 있습니다. 또 양수일 경우도 있고 음수일 경우도 있습니다. 또 기울기가 앞의 그래프에서 본 것처럼 항상 직선인 것만은 아닙니다.

⑧ 다음 예는 먼저 방정식을 쓰고, 그것을 그래프로 나타낸 것입니다. 그러면 해 볼까요. 예를 들어 $y=\frac{1}{2}x+2$라고 하면, 이 방정식으로 기울기와 절편이라 부르는 값을 구할 수 있습니다. 즉 x가 0일 때 y축이 어디를 통과하는지 알 수 있습니다. 그러면 시작해 보지요. $y=\frac{1}{2}x+2$ 방정식에서 x가 0이면, $y=\frac{1}{2}\cdot 0+2$가 되지요. 어떤 숫자이건 0을 곱하면 0이 되므로 0+2가 됩니다. 즉 $y=2$입니다. 그러면 이 방정식을 그래프로 그려보면 어떻게 될까요.

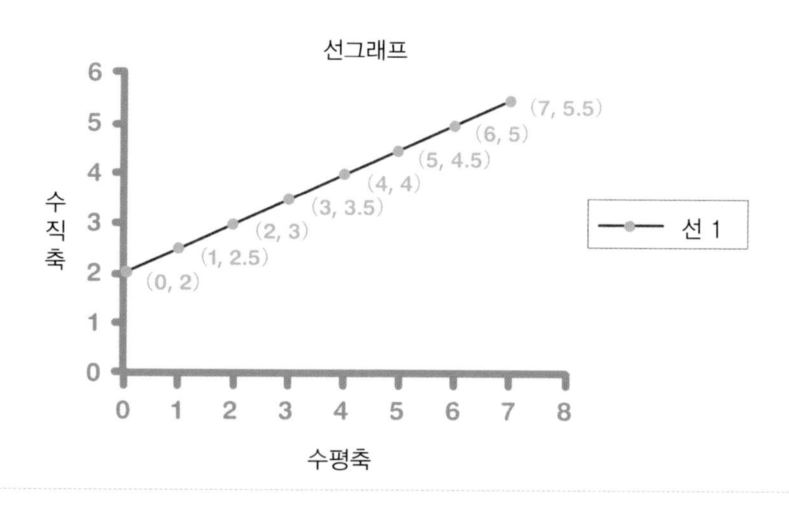

Step 04

Track 16

⑨ This new graph is dramatically different because the y **intercept** is now 2. This means instead of starting the graph at (0,0), the graph begins at (0,2). The **slope** will also change. As you can see, in the previous graphs, the **slope** was either one or two, in this graph, the **slope** is only $\frac{1}{2}$. Each time the line moves one space over, it only moves $\frac{1}{2}$ of a space up. We can replace x with different numbers, and we will get a different number for y. Let's randomly choose a number on the graph to see if our **equation** is **accurate**.

⑩ For example, one of the **coordinate**s is (5,4.5), let's see if that fits **accurate**ly into our **equation**. If $y=\frac{1}{2}x+2$, and we replace the x with 5, then our **equation** will look like $y=\frac{1}{2}\cdot 5+2$. Since one-half of 5 is 2.5, we now can determine that $2.5+2=4.5$. Therefore, the **equation** is true and our **coordinate**s are correct. It is also **accurate** to say, that if the line is completely straight and the **slope** is **accurate**, then the **equation** should be true.

⑪ **Line graph**s may look complicated. But they are actually quite easy. In our next lesson, we might see some more difficult graphs.

수학 공부에 꼭 필요한 용어들을 좀더 살펴볼까요.

domain	(세로축의) 범위, 영역	**maximum**	최대
ellipse	타원, 타원형	**minimum**	최소
hyperbola	쌍곡선	**origin**	그래프의 원점 (0,0)
increment	증분	**parabola**	파라볼라, 포물선
inequality	부등식	**parallel**	평행의, 평행선
intersection	교점	**perpendicular**	수직, 수직면

⑨ 이 그래프는 y절편이 2이므로, 이제까지 보아온 그래프와는 상당히 다르네요. 그래프가 (0,0)에서 시작하는 것이 아니라 (0,2)에서 시작합니다. 기울기도 다르네요. 앞의 그래프에서는 기울기가 1이나 2였는데, 이 그래프의 기울기는 $\frac{1}{2}$입니다. x축 위를 오른쪽으로 하나 이동할 때마다 y축은 $\frac{1}{2}$만큼 위로 올라갑니다. x에 다른 숫자를 넣으면, 각각 y에 대응하는 서로 다른 숫자를 구할 수 있습니다. 무작위로 그래프 위의 숫자를 선택하여 이 방정식이 맞는지 살펴볼까요.

⑩ 예를 들면 순서쌍 중에 (5, 4.5)가 있습니다. 이 숫자가 방정식에 맞게 적용되는지 확인해 봅시다. $y=\frac{1}{2}x+2$ 방정식에 x를 5로 바꾸면, 이 식은 $y=\frac{1}{2}\cdot 5+2$가 됩니다. 5의 반은 2.5이므로 $2.5+2=4.5$를 계산하면 되겠지요. 즉 이 방정식은 맞으며, (5,4.5)라는 순서쌍이 맞다는 것을 알 수 있습니다. 이는 그래프 선이 완전한 직선이며 기울기가 맞는다면, 그 방정식은 정확하다는 얘기입니다.

⑪ 선그래프는 복잡해 보일 수도 있지만 의외로 간단합니다. 다음 수업에서는 조금 더 어려운 그래프에 대해 얘기하지요.

plot	좌표를 그리다	**asymptotic line**	점근선
quadrant	4분원 (원의 4분의 1)	**direct variation**	정비례식(variation은 변분)
range	(가로축의) 범위, 영역	**axis of symmetry**	대칭축
rate	변화율	**end behavior**	완료 후의 동작
rise	y축 위의 변화율	**inverse variation**	반비례식
run	축 위의 변화율	**x-term**	x항, x의 값
symmetry	좌우대칭	**y-term**	y항, y의 값

Homework

■ 다음 문제를 풀어보세요.

❶ Freeway 12 rises 105 meters over a horizontal distance of 1,500 meters. What is the grade of the road? (grade는 기울기)

❷ Graph the line with slope $\frac{2}{3}$ that passes through the point (1,2).

❸ Find the value of m in $y = mx + 2$ such that (−4,6) is on the graph.

❸의 such that
이란 '~인 경우'라는
의미입니다.

Life Science

5교시 수업
Life Science 생물

5교시 수업에서는 인체에 대해 공부합니다. 인체가 기능을 하기 위해 상당히 중요한 순환계에 대한 것입니다. Taggart 선생님은 순환계를 도로의 네트워크에 비유하여 설명을 합니다. 이는 순환계의 중요성과 구조를 설명하는데 아주 효과적인 비유입니다. 고속도로, 간선도로, 일반도로, 그리고 좁은 뒷골목 등이 커다란 네트워크를 형성하여 우리들 생활에 필요한 물자를 시, 읍, 면의 구석구석까지 널리 전달할 수 있게 하듯이, 순환계는 신체에 필요한 산소와 영양분을 신체 구석구석의 하나하나의 세포에 전달하는 인체의 생명선 역할을 담당하고 있습니다.

인체의 구조와 기능은 복잡하여, 이번 수업에 나오는 표현 이외에도 많은 용어와 표현이 있습니다. 이번 수업을 첫걸음으로 생각하여 인체의 기능과 명칭 등에 대해 좀더 공부해 보는 것도 좋겠지요.

The Circulatory System
순환계

Teacher : Taggart

Step 01 Vocabulary

5교시 생물 수업에 꼭 필요한 단어와 용어입니다.
먼저 예습을 열심히 한 후 수업을 들으세요.

○ **aorta** [eiɔ́:rtə]	대동맥
○ **artery** [ɑ́:rtəri]	동맥
○ **blockage** [blɑ́kid / blɔ́kid]	봉쇄, 폐쇄
○ **capillary** [kǽpəlèri / kəpíləri]	모세혈관
○ **cellular** [séljulər]	세포의
○ **chemical** [kémikəl]	화학물질
○ **cholesterol** [kəléstəròul, kəléstərɔ̀l]	콜레스테롤
○ **dissolve** [dizɑ́lv / dizɔ́lv]	용해하다, 분해하다
○ **fit** [fít]	이 수업에서는 '건강한'
○ **fluid** [flú:id]	유체, 체액
○ **germ** [dʒə́:rm]	세균, 병원균
○ **hormone** [hɔ́:rmoun]	호르몬
○ **ingredient** [ingrí:diənt]	성분
○ **lasting** [lǽstiŋ / lɑ́:stiŋ]	지속하는, 영속하는
○ **liquid** [líkwid]	액체
○ **meditation** [mèdətéiʃən]	명상
○ **muscle** [mʌ́sl]	근육
○ **nutrient** [njú:triənt]	음식, 영양분
○ **organ** [ɔ́:rgən]	(생물의) 기관, 장기
○ **oxygen** [ɑ́ksidʒən / ɔ́ksidʒən]	산소
○ **plasma** [plǽzmə]	혈장, 원형질
○ **platelet** [pléitlit]	혈소판
○ **prolong** [prəlɔ́:ŋ / prəlɑ́ŋ]	지연시키다, 연장하다(prolonged는 오래 끄는)

○ **scab** [skǽb]	딱지
○ **solid** [sάlid / sɔ́lid]	고체
○ **starve** [stάːrv]	굶기다, 단식하다
○ **stiff** [stíf]	경직된, 딱딱한, (어깨, 등이) 뻐근한
○ **strain** [stréin]	긴장하다
○ **stretching** [strétʃiŋ]	늘리는 것
○ **substance** [sʌ́bstəns]	물질
○ **thicken** [θíkən]	두껍게 하다, 진하게 하다
○ **tissue** [tíʃuː]	조직, 얇은 조직
○ **vein** [véin]	정맥
○ **waste** [wéist]	폐기물
○ **wrist** [ríst]	손목
○ **zoom** [zúːm]	맹진하다, 급등하다
○ **blood vessel**	혈관(vessel은 도관, 맥관)
○ **circulatory system**	순환계
○ **connective tissue**	결합조직
○ **excretory system**	배설기관
○ **red blood cell**	적혈구(cell은 세포)
○ **vena cava**	대정맥
○ **white blood cell**	백혈구(cell은 세포)

Step 02 Listen & Write

Taggart 선생님의 5교시 생물 수업은 다음과 같은 순서로 진행됩니다. CD를 통해 수업을 들으면서 오른쪽 페이지에 핵심 단어와 표현들을 메모해 보세요.

● 순환계란 무엇인가

선생님은 순환계는 신체 내에 필요 물자를 운반하기 위한 교통 시스템과 같은 역할을 하고 있다고 설명합니다.

● 혈관의 종류

혈관에는 동맥, 정맥, 모세혈관 3종류가 있습니다.

● 혈액의 성분

다음은 혈액의 성분에 대한 설명입니다.

● 배설기관

순환계의 기능 중 하나인 배설기관(노폐물을 체외로 배출하는 기능)에 대해서도 언급합니다.

● 건강을 유지하려면

마지막에는 순환계의 건강을 유지하기 위한 요점을 소개합니다.

Dictation

● 순환계란 무엇인가

● 혈관의 종류

● 혈액의 성분

● 배설기관

● 건강을 유지하려면

Taggart 선생님이 설명한 생물 수업 내용의 핵심입니다. 핵심 내용을 바탕으로 CD를 들으면서 수업 내용을 파악하세요.

● 순환계란 무엇인가

이번 수업은 "30초 동안 점프를 계속하면 어떤 일이 일어나나요?"라는 Taggart 선생님의 질문으로 시작합니다. 신체를 움직이면 더 많은 산소와 그 이외의 물질을 신체로 전달하기 위해 심장의 고동이 빨라지는데, 언뜻 보기에 단순해 보이는 이러한 신체의 반응을 일으키기 위해 얼마나 많은 장기들이 활약하고 있는지 우리는 느끼지 못하며 생활하고 있습니다. 신체의 교통 시스템 역할을 담당하고 있는 순환계에는 심장, 혈관, 그밖의 조직 등이 있습니다. 선생님은 모든 혈관을 다 합치면 수천 킬로미터 이상에 다다른다고 설명합니다.

● 혈관의 종류

혈관은 동맥, 정맥, 모세혈관 3종류로 나눌 수 있습니다. 선생님은 각각의 특징과 기능에 대해 설명을 하고, 인체도에서는 일반적으로 동맥은 빨간색, 정맥은 파란색으로 표시한다고 설명합니다.

● 혈액의 성분

다음으로 선생님은 혈액의 성분에 대해 설명합니다. 혈액은 신체 결합조직의 일부이며, 그 안에는 혈장, 적혈구, 백혈구, 혈소판이 있습니다. 혈장은 혈액을 운반하는 역할을 하며, 적혈구는 산소와 노폐물을 운반하는 역할을 담당하고 있습니다. 백혈구는 혈액 내의 병원균과 싸우며, 혈소판은 혈액을 응고시키는 역할을 합니다.

● 배설기관

우리의 생활 속을 들여다보면, 생활하기 위한 필요한 물자에서는 반드시 쓰레기가 나오게 되지요. 인체도 이와 마찬가지로 필요한 산소와 영양분을 소비한 후에는 노폐물을 만들어냅니다. 이러한 노폐물을 체외로 배출하는 기능을 배설기관이라고 부르는데, 이것도 순환계와 마찬가지로 중요한 역할을 담당하고 있습니다.

● 건강을 유지하려면

마지막으로 선생님은 신체를 건강하게 유지하기 위한 요점에 대해 설명합니다. 균형 잡힌 식사, 정기적인 운동, 스트레스를 줄이는 것 등입니다. 스트레스와 운동 부족 등이 순환계에 어떤 영향을 미치는지, 순환기계의 건강을 유지하는 일이 왜 필요한지 간단하게 설명합니다. 매우 참고가 될 만한 내용입니다.

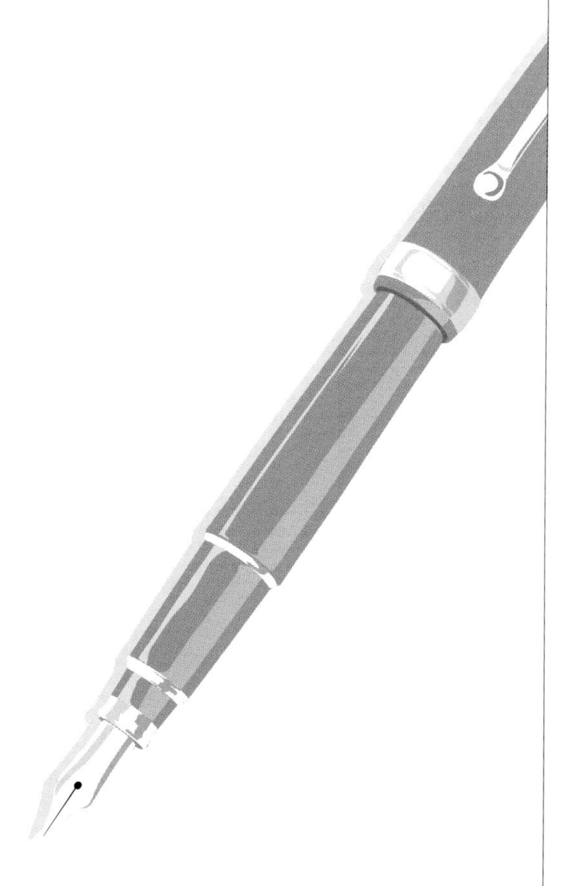

Step 04
Listen & Review

Taggart 선생님이 설명한 생물 수업 스크립트와 해석입니다. CD를 통해 수업을 들으면서 단어 하나, 표현 하나까지 확인해가며 다시 한 번 집중해서 들어보세요.

Track 17

The Circulatory System

❶ Today we are going to talk about the **circulatory system**. Jump up and down for thirty seconds and pay attention to what happens to your heart. What happens to your heart when you jump up and down? That's right, it beats faster. Why? You might say it's because you are working harder or breathing harder, so your heart needs to work harder. These answers are both correct. When your **muscle**s are active, they need **oxygen** and energy to do work and move you around. You might not realize the significant number of **organ**s and **tissue**s that allow these and other important materials to be moved. Your heart, **blood vessel**s, and other **tissue**s are part of your **circulatory system**, which is the body's transportation system. Your **circulatory system** carries a variety of necessary materials through your body, and the great part is that like most body systems, it works all on its own. You don't even have to think about it!

❷ You can think of the **circulatory system** as a network of interstates, highways, roads, and streets. This transportation network is responsible for carrying important materials throughout the body, and is powered by a very strong **muscle**, the heart. Put your hand on your heart right now. Can you feel it working? Now look down at the inside of your **wrist**s. You can see your **blood vessel**s under your skin. Your **blood vessel**s are the roads of your **circulatory system. Blood vessel**s are tubes that carry blood throughout your body. You have thousands of kilometers of **blood vessel**s running throughout your body.

순환계

❶ 오늘은 순환계에 대해 이야기하겠습니다. 30초 동안 계속 점프를 하면, 심장에 어떤 변화가 일어나는지 볼까요. 점프를 계속하면 심장에 어떤 일이 일어나지요? 그래요, 심장의 고동이 빨라지지요. 왜 그럴까요? 여러분은 그 대답으로 몸을 심하게 움직이고 있기 때문에, 호흡이 빨라졌기 때문에, 심장이 더 심하게 뛰어야 하기 때문이라고 말하겠지요. 다 맞는 답입니다. 근육은 활동하는 데에 산소를 필요로 하고, 신체를 움직이고 활동하는데 에너지를 필요로 합니다. 여러분은 이러한 활동을 가능하게 하고, 중요 물질을 체내로 이동시키기 위해 얼마나 수많은 기관과 조직이 관련되어 있는지 알아채지 못할 겁니다. 여러분의 심장, 혈관, 그밖의 조직들은 신체의 교통 시스템 역할을 담당하고 있는 순환계의 일부입니다. 순환계는 여러 필요 물질을 신체 내로 운반합니다. 순환계의 대단한 점은 신체의 대부분의 기능과 마찬가지로 자율적으로 기능한다는 점입니다. 여러분은 순환계의 기능에 대해 생각할 필요가 없다는 거지요!

❷ 순환계는 고속도로, 간선도로, 일반도로, 거리의 네트워크로 생각할 수 있습니다. 이 교통 네트워크는 중요한 물질을 신체 내로 운반하는 책임을 맡고 있으며, 강력한 근육—즉 심장—에게 동력을 부여받고 있습니다. 심장 위에 손을 대 보세요. 심장이 뛰고 있는 것이 느껴지나요? 이번에는 손목 안쪽을 보도록 하지요. 피부 안쪽의 혈관이 보이지요. 그 혈관이 순환계의 도로입니다. 혈관이 신체 내에 혈액을 운반하고 있습니다. 여러분의 신체 안에는 수천 킬로미터에 걸친 혈관이 흐르고 있습니다.

Step 04

Track 18

③ There are three main types of **blood vessel**s: **arteri**es, **vein**s, and **capillari**es. **Arteri**es carry **oxygen** rich blood away from the heart, and are often colored red in pictures of the **circulatory system**. **Vein**s carry **oxygen**-poor blood towards the heart, and you can see that **vein**s are colored blue.

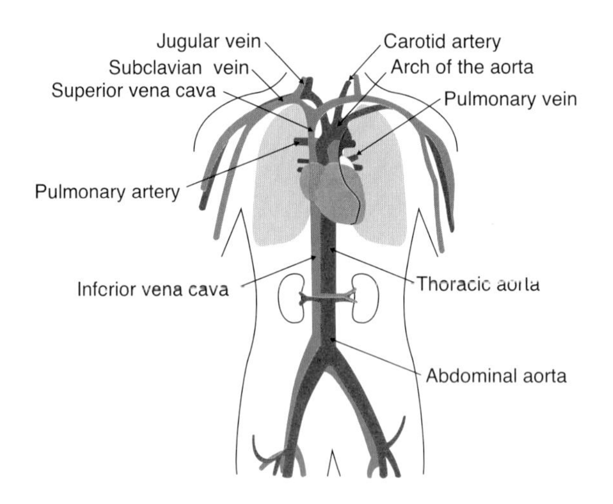

④ **Arteri**es like the **aorta** and **vein**s like **vena cava** are the interstates or major highways; and they carry a lot of blood and are quite large. **Blood vessel**s nearest the heart are larger, and the branches of the vessels become smaller as they move away from the heart, like highways changing to secondary roads and streets.

⑤ The smallest **blood vessel**s are called **capillari**es. **Capillari**es are the very tiniest branches of **arteri**es and **vein**s. The **capillari**es are the link between the smallest **arteri**es and **vein**s, where **oxygen** and other important materials are used by the cells.

⑥ Blood is an amazing **substance**, more than just red **fluid**! It's actually considered a **tissue** of the body. No, not the kind of **tissue** you blow your nose with. It's **connective tissue**. Blood is made up of several **ingredient**s, both **liquid**s and **solid**s.

③ 혈관에는 크게 3종류가 있습니다. 동맥, 정맥 그리고 모세혈관입니다. 동맥은 산소를 많이 포함한 혈액을 심장에서 밖으로 운반해 내고 있으며, 순환계와 관련된 그림에서는 빨간 색으로 표시합니다. 정맥은 산소를 잃은 혈액을 심장을 향해 운반하며, 순환계의 그림에서는 파란색으로 표시합니다.

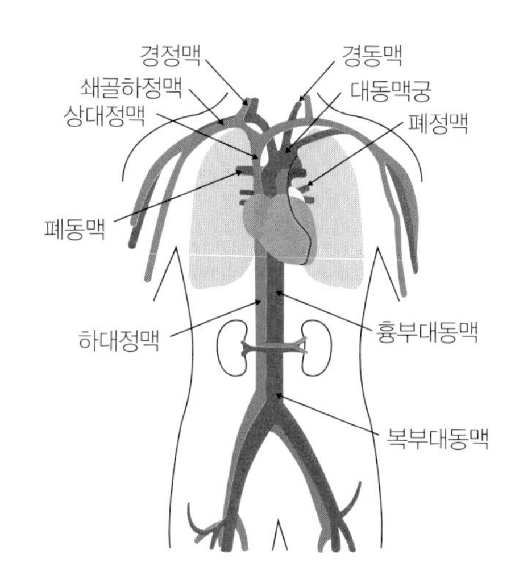

④ 동맥의 대동맥, 또 정맥의 대정맥은 고속도로나 주요 간선도로에 해당합니다. 이들 혈관은 두껍고, 대용량의 혈액을 운반합니다. 심장에 가까울수록 혈관은 두꺼우며, 분기된 혈관은 심장에서 멀어질수록 가늘어집니다. 이는 고속도로가 보조적인 일반도로와 거리로 바뀌는 것과 비슷합니다.

⑤ 가장 가느다란 혈관은 모세혈관이라 부릅니다. 모세혈관은 동맥과 정맥의 가장 가느다란 가지에 해당합니다. 모세혈관은 가장 가느다란 동맥과 가장 가느다란 정맥을 연결하고 있으며, 산소와 그밖에 중요한 요소가 그 세포에 흡수됩니다.

⑥ 혈액은 단지 빨갛기만 한 액체가 아니라, 놀라울만한 존재입니다. 혈액은 실은 신체 조직의 일부입니다. 코를 풀 때 사용하는 티슈가 아니라 결합조직을 말하는 겁니다. 혈액은 액체 및 고체로 구성된 몇 가지 성분으로 이루어졌습니다.

⑦ To cook up some blood, we must start with **plasma**. **Plasma** is the **liquid** that carries blood; it is usually clear or yellowish. **Plasma** is made mostly of water. **Red blood cell**s are probably a part of the blood you have seen in pictures before, and they are what give the blood its red color. They look like tiny red disks with a depression in the middle. **Red blood cell**s are responsible for carrying **oxygen** to cells and some **waste**s away from cells. **White blood cell**s are colorless, **germ**-fighting cells carried in your blood. **White blood cell**s help destroy diseases and other invaders that may enter your body.

⑧ The last **ingredient** of blood is **platelet**s. **Platelet**s are responsible for making your blood clot. If you have a cut, your **platelet**s cause your blood to **thicken** and stick together at the cut, eventually forming a **scab**. If you didn't have **platelet**s in your blood, you could lose a lot of blood from just a little cut, which can be extremely dangerous for your body.

⑨ So now that we know the **ingredient**s of blood, let's think about what blood carries along with it as it **zoom**s through your body. So do you know what the blood carries? The material we most often think of is **oxygen**, which is **dissolve**d in the blood when you breathe air into your lungs. **Oxygen** is needed to carry out basic **cellular** functions, and you would die without it. Besides **oxygen**, what else do your cells need to function and keep you alive? Well, your cells need to eat too, so your circulation brings **nutrient**s to keep you going. What if you get sick? Your **circulatory system** brings **germ** fighters throughout your body to fight sickness. Also, your **circulatory system** carries **hormone**s, **chemical**s that tell your body to grow or respond in some way.

⑩ Finally, what goes in must come out, right? So your circulation helps take out the trash! Circulation carries **waste**s away from cells to be removed from the body by the group of **organ**s designed to process **waste**, the **excretory system**.

⑦ 혈액에 대해 생각하려면 먼저 혈장에 대한 이야기부터 할 필요가 있습니다. 혈장은 혈액을 운반하는 액체로, 보통은 투명이나 노란빛을 띠고 있습니다. 혈장은 대부분 물로 구성되어 있습니다. 적혈구는 혈액의 일부로, 여러분도 사진에서 본 적이 있듯이 혈액이 빨갛게 보이는 것은 적혈구 때문입니다. 적혈구는 정 가운데가 움푹 패인 작은 원반 모양을 하고 있습니다. 적혈구는 세포에 산소를 운반하고, 또 노폐물을 세포 밖으로 내보내는 역할을 수행합니다. 백혈구는 무색으로, 혈액 안의 병원균과 싸웁니다. 백혈구는 병이나 체내에 들어온 침입자를 물리치는데 도움을 줍니다.

⑧ 혈액의 마지막 성분은 혈소판입니다. 혈소판은 혈액 덩어리(혈병)을 만드는 역할을 합니다. 베여서 상처가 나면, 혈소판이 혈액을 진하게 만들고 상처 부분에 굳어서 딱지를 만듭니다. 혈액 내에 혈소판이 없다면 아주 작은 상처만 나도 피를 많이 흘리게 되어 신체에 상당히 위험한 상태를 초래합니다.

⑨ 자, 이것으로 우리는 혈액 성분에 대해 공부했습니다. 그러면 혈액이 신체 내를 초스피드로 흐를 때, 무엇을 운반하는지에 대해 생각해 볼까요. 혈액이 무엇을 운반하는지 알고 있나요? 이때 우리가 제일 먼저 생각하는 것이 산소이지요. 여러분이 공기를 폐 안으로 들이마시면 산소가 혈액 안으로 녹아들어 갑니다. 산소는 기본적인 세포의 기능을 수행하는데 필요하며, 산소가 없으면 사람은 죽고 맙니다. 세포가 기능을 하고, 신체를 살아 있는 상태로 유지하기 위해서는 산소 이외에 무엇이 필요할까요? 세포는 식사를 할 필요도 있습니다. 그렇기 때문에 혈액이 순환을 하고, 여러분의 신체가 살아갈 수 있도록 영양을 운반하는 것입니다. 병이 나면 어떻게 될까요? 순환계가 병과 싸우기 위해 병원균과 맞서 싸우는 전사를 신체 내로 운반합니다. 또 순환계는 신체를 성장시키고 신체에 특정 반응을 나타내는 화학물질, 즉 호르몬을 운반합니다.

⑩ 마지막으로, 안에 들어간 것은 나올 필요도 있겠지요? 그래서 순환계는 쓰레기를 밖으로 내보내는 일에도 도움을 줍니다! 혈액이 순환하여 세포로부터 노폐물을 운반해 밖으로 내버리면, 노폐물은 그것을 처리하기 위한 장기의 집단, 즉 배설기관에 의해 신체 밖으로 배출됩니다.

Step 04

Track 20

⑪ All this stuff is happening because of the hard work of your amazing **circulatory system**. So what can you do to keep it healthy? Of course, it is important to eat a balanced diet and exercise regularly. Exercise keeps your heart **muscle** strong and improves circulation. A good diet and exercise also helps you stay **fit** so your heart doesn't have to work too hard to circulate blood. A diet high in fat and **cholesterol** can create **blockage**s in your vessels or cause vessels to become **stiff** and **strain**ed. It is also important not to smoke, as smoking affects the amount of **oxygen** in your blood and **starve**s your cells of much needed **nutrient**s.

⑫ Finally, avoid stress as much as possible. This can be the most difficult, because all of us have some amount of stress in our lives. But stressful situations and **prolong**ed stress can have a **lasting** effect on your heart and **blood vessel**s. Find a method of reducing stress that works for you: deep breathing or **meditation**, mild **stretching** or yoga, or an evening walk with a friend or family member.

인체의 기본적인 장기와 기관명 등을 좀더 살펴보겠습니다.

bladder	방광	**kidney**	신장
colon	결장	**larynx**	후두
duodenum	십이지장	**liver**	간장
esophagus	식도	**lung**	폐
gallbladder	담낭	**ovary**	난소
heart	심장	**pancreas**	췌장

⑪ 이 모든 작업들이 놀라울만한 순환계의 기능에 의해 실현되고 있습니다. 그러면 순환계를 건강하게 유지하려면 어떻게 해야 좋을까요. 물론 균형 잡힌 식사를 하고, 정기적으로 운동을 하는 일도 중요합니다. 운동은 심장의 근육을 강하게 유지시키고, 순환 기능을 높여줍니다. 또 균형 잡힌 식사와 운동은 신체를 건강하게 유지시켜 비만을 방지하기 때문에 심장이 혈액을 순환시키기 위해 그 기능을 격렬하게 할 필요도 없어집니다. 지방과 콜레스테롤이 높은 식사는 혈관을 좁히고 경직시켜 손상을 줍니다. 또 담배를 피우지 않는 것도 중요합니다. 흡연은 혈액 내의 산소 양에 영향을 미쳐, 세포가 매우 필요로 하는 영양을 얻지 못하게 합니다.

⑫ 마지막으로, 가능한 한 스트레스를 피합시다. 가장 어려운 일이지요. 우리는 모두 매일 생활 속에서 어느 정도 스트레스를 느끼고 있기 때문입니다. 하지만 스트레스를 느끼는 상태나 스트레스를 느끼는 상태가 오래 지속되면, 여러분의 심장이나 혈관에 오래 남는 영향을 주게 됩니다. 자신에게 효과가 있는 스트레스 해소방법을 찾아보세요. 예를 들어 심호흡이나 명상, 부드러운 스트레칭, 요가, 친구나 가족과 함께 저녁 때 산책을 하는 것도 좋겠지요.

pharynx 인두
prostate 전립선
spleen 비장
stomach 위
uterus 자궁
urethra 요도
large intestine 대장
oral cavity 구강
small intestine 소장

Homework

1. 아래에 나오는 신체의 골격과 관절에 관한 명칭을 영어로 답하세요.

❶ 두개골 ❷ 늑골 ❸ 쇄골

❹ 견갑골 ❺ 척추 ❻ 척주

❼ 고관절 ❽ 요골 ❾ 대퇴골

❿ 척골 ⓫ 경골 ⓬ 비골

⓭ 팔꿈치 ⓮ 손목 ⓯ 무릎

⓰ 슬관절 ⓱ 발목 ⓲ 인대

⓳ 힘줄(건)

2. 다음 문제를 영어로 답하세요.

⓴ What vessel carries blood away from the heart?

㉑ What vessel carries blood back to the heart?

㉒ What organ pumps blood throughout the body?

㉓ What is the component of the blood which helps blood clot?

㉔ What carries oxygen and carbon dioxide in vessels?

㉕ What are the smallest vessels?

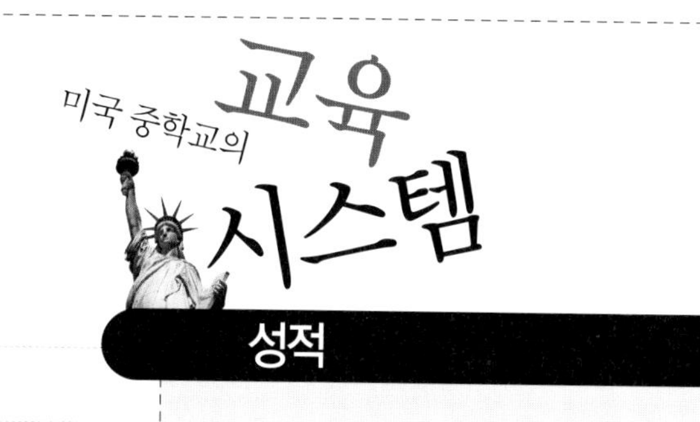

성적

성적은 출석, 숙제와 그 제출기한을 잘 지켰는지, 수업 중 태도, 쪽지시험, 기말시험의 결과 등으로 평가된다. A, B, C, D, F의 5단계로 평가되며, F는 낙제이다.

성적이 우수한 학생은 Honor Roll이라 부르는 표창을 받으며, 학교의 상징물이 들어간 물건이나 차에 붙이는 범퍼 스티커 등을 받는다. 학교에 따라서는 공헌도를 포인트 제도로 만들어 놓은 곳도 있다. 공헌도는 성적, 학생회 활동, 교내외 자원봉사, 동아리 활동의 성적 등으로 결정된다. 시나 그 지역의 기업, 단체 등이 지정한 상도 다양하게 있어 지도력이나 성적이 뛰어난 학생을 선출한다.

예를 들면 다음과 같은 상들이 있다. Service To School Award(학교 자원봉사에 많은 시간을 할애한 상), Outstanding Athletes Award(스포츠에서 좋은 성적을 얻고, 스포츠맨 정신과 애교심을 나타낸 상), Science Award(과학에서 좋은 성적을 얻은 상), Mathematics Award(수학상), Foreign Language Award(외국어 학습상), Computer Technology Award(컴퓨터 기술에 뛰어난 상), U.S. History Award(미국 역사 학습에 뛰어난 상), Leadership Class Award(지도자 수업에서 좋은 성적을 얻은 상), Music Award(음악에서 뛰어난 능력을 발휘한 상) 등이 있다.

5 교시

Earth Science

6교시 수업

Earth Science 지구과학

6교시 수업에서는 지진의 구조에 대해 배웁니다. 지진의 작용 원리, 흔들리는 종류, 진원지를 계산하는 방법 등 흥미로운 내용을 Taggart 선생님이 이해하기 쉽게 설명해 줍니다. 지각, 진원, 단층과 같은 지학의 기본 용어부터 에너지의 축적과 방출, 지진파의 전달 방법 등 지구과학 수업에서만 접할 수 있는 표현들이 많이 나옵니다.

그리고 Taggart 선생님은 마지막에 이번 수업에서 배운 내용을 간결하게 정리하여 복습합니다. 수업 내용을 '정리'하는 아주 좋은 예입니다. 지진에 관한 기초지식이 명료하게 잘 정리되어 있어, 이 부분을 반복해서 들은 후에 처음부터 다시 들어 보는 것도 좋은 방법이겠네요.

Earthquakes
지진

Teacher : Taggart

Step 01 Vocabulary

6교시 지구과학 수업에 꼭 필요한 단어와 용어입니다.
먼저 예습을 열심히 한 후 수업을 들으세요.

○ **anatomy** [ənǽtəmi]	구조, 해부(학), 인체
○ **boundary** [báundəri]	경계, 한계
○ **buildup** [bíldʌ̀p]	증강, 축적, 집적
○ **bump** [bʌ́mp]	쾅 부딪치다
○ **compress** [kəmprés]	압축하다
○ **crust** [krʌ́st]	지각(地殼)
○ **dissipate** [dísəpèit]	사라지다, 다 써버리다
○ **epicenter** [épisèntər]	진앙(震央)
○ **expand** [ikspǽnd]	팽창하다, 확장하다, 넓어지다
○ **fault** [fɔ́:lt]	단층
○ **focus** [fóukəs]	(지진의) 진원(震源)
○ **friction** [fríkʃən]	마찰, 불화
○ **geologist** [dʒiɑ́lədʒist / dʒiɔ́lədʒist]	지질학자
○ **jolt** [dʒóult]	흔들림 ,충격, 동요
○ **lithosphere** [líθəsfiər]	지각, 암석권
○ **lock** [lɑ́k / lɔ́k]	맞물려서 움직이지 않게 하다
○ **pebble** [pébl]	조약돌
○ **plate** [pléit]	(지질) 플레이트(지각을 구성하고 있는 암판), 암반
○ **radius** [réidiəs]	반경
○ **rattle** [rǽtl]	덜걱덜걱 움직이다
○ **release** [rilí:s]	방출하다
○ **roll** [róul]	구르다, 좌우로 흔들리다
○ **shake** [ʃéik]	흔들리다, 흔들어 움직이게 하다

○ **Slinky** [slíŋki]	슬링키(계단을 내려가는 스프링 형태의 장난감)
○ **stress** [strés]	이 수업에서는 '응력'
○ **travel** [trǽvəl]	이 수업에서는 (빛, 소리 등이) 전도되다, 이동하다
○ **vibration** [vaibréiʃən]	진동, 떨림
○ **wiggle** [wígl]	흔들다, 흔들려 움직이다
○ **circular ring**	원형의 파문, 파문
○ **land mass**	광대한 땅, 대륙(mass는 '덩어리', '집단' 등의 의미)
○ **North American Plate**	북아메리카 플레이트
○ **P waves**	P파, Primary waves(제1차파)
○ **Pacific Plate**	태평양 플레이트
○ **S waves**	S파, Secondary waves(제2차파)
○ **San Andreas Fault**	샌앤드레어스 단층
○ **seismic waves**	지진파(seismic은 '지진의'란 의미)
○ **surface wave**	표면파

Step 02 Listen & Write

Taggart 선생님의 6교시 지구과학 수업은 다음과 같은 순서로 진행됩니다. CD를 통해 수업을 들으면서 오른쪽 페이지에 핵심 단어와 표현들을 메모해 보세요.

● 지진에 대비한 마음의 준비

지진의 구조를 배우고 마음의 준비를 해두는 일의 중요성에 대한 설명으로 수업을 시작합니다.

● 지각

지진이 발생하는 구조의 첫 단계인 지각에 대해 설명합니다.

● 단층과 마찰

다음으로는 캘리포니아 샌프란시스코 지역을 통과하는 단층 중에서, 이제까지 수차례 큰 지진을 일으킨 샌앤드레어스 단층을 소개합니다.

● 진원과 진앙

이어서 focus(진원)와 epicenter(진앙)의 두 용어에 대해 설명합니다.

● 지진파와 진앙의 결정

지진파의 세 종류(P파, S파, 표면파) 중 두 개를 이용하여 진앙을 결정합니다.

Dictation

● 지진에 대비한 마음의 준비

● 지각

● 단층과 마찰

● 진원과 진앙

● 지진파와 진앙의 결정

Step 03 Listen & Check

Taggart 선생님이 설명한 지구과학 수업 내용의 핵심입니다. 핵심 내용을 바탕으로 CD를 들으면서 수업 내용을 파악하세요.

● 지진에 대비한 마음의 준비

지진은 세계 각지에서 빈번하게 일어나고 있는데, 그 중 많은 지진이 매우 작은 것들이어서 우리는 지진이 일어나고 있는 사실조차 느끼지 못하고 있습니다. 그러나 일단 큰 지진이 일어나면 집과 거리의 건물들이 파손되고 사상자도 발생합니다. 이 때문에 지진의 구조를 배우고 마음의 준비를 해 두는 것이 중요합니다. Taggart 선생님은 위와 같은 설명으로 수업 초반부에 지진에 관해 학생들의 흥미를 환기시킵니다

● 지각

선생님은 지진이 발생하는 구조의 첫 단계인 지각에 대해 설명합니다. 지진이란 지표면 아래에 있는 암반이 움직여서 흔들리고, 덜걱덜걱 움직이고, 좌우로 흔들리는 것을 말합니다. 이 암반을 지각이라고도 부릅니다. 암반을 구성하고 있는 플레이드는 상당히 천천히 이동하며, 플레이트가 서로 부딪치거나 끌어당겨 응력이 축적되면 지각에 금이 가고 단층이 생깁니다.

● 단층과 마찰

다음으로 선생님은 단층의 예로 캘리포니아 샌프란시스코 지역을 통과하는 단층 지도를 보여줍니다. 그리고 이제까지 수차례 큰 지진을 일으킨 샌앤드레어스 단층을 소개합니다. 이 단층은 북아메리카 플레이트와 태평양 플레이트의 경계 부분에 위치하고 있는데, 이 두 플레이트는 서로 반대 방향으로 움직이고 있습니다. 이 때문에 플레이트 간에 마찰이 발생하는데, 마찰이 커지면 플레이트끼리 맞물려 점점 응력이 축적되어 갑니다. 맞물린 플레이트가 갑자기 격하게 움직이기 시작해서 축적된 응력이 한꺼번에 방출될 때 지진이 일어나게 되는 것입니다.

진원과 진앙

지진이 일어나면 뉴스에서는 반드시 진원지(震源地)를 발표하지요. 선생님은 focus와 epicenter의 두 용어를 설명합니다. focus란 지각 밑에 있으며 에너지가 방출되는 장소 즉 지진이 최초로 시작된 장소입니다. epicenter는 그 바로 위의 지표점을 말합니다.

지진파와 진앙의 결정

지진으로 방출된 에너지는 지진파로 전달되어 갑니다. 지진파에는 P파, S파, 표면파 세 종류가 있는데, 선생님은 각각의 특징에 대해 차례로 설명합니다. 지진이 일어났을 때 지진 관측소 3곳에서 P파와 S파의 도달시각 차이를 측정하여 진앙의 위치를 계산할 수 있습니다. 선생님은 마지막에 6교시에 배운 내용을 다시 정리합니다.

Step 04
Listen & Review

Taggart 선생님이 설명한 지구과학 수업 스크립트와 해석입니다. CD를 통해 수업을 들으면서 단어 하나, 표현 하나까지 확인해가며 다시 한 번 집중해서 들어보세요.

Track 21

Earthquakes

❶ Today we're going to learn how to **shake**, **rattle**, and **roll**-Earth style! What makes the Earth's surface get up and dance? Why earthquakes of course! Today, we are going to learn about earthquakes: what they are and how they're caused, how they **travel**, and how they're measured.

❷ Here in San Francisco, we frequently feel a little shaking or trembling as we go about our daily lives. This might be a heavy truck **roll**ing past your building, or it might be an earthquake. Earthquakes happen all over the world and many of them are so small we can barely feel the Earth **wiggle**. But large earthquakes can cause major damage and many injuries and deaths. Since we live in 'earthquake country,' it's important to understand as much as we can about earthquakes. We should know why they happen, how they move, and how scientists measure them so we can prepare for the next 'Big One.'

❸ An earthquake is the **shake**, **rattle**, and **roll** caused by rock moving beneath the Earth's surface. What causes the rock, or **crust**, to move? The movement is caused by a **buildup** of **stress** in the Earth's **crust**. **Stress** builds because of the movement of Earth's **lithospher**ic **plate**s. When these **plate**s move, at a rate of about 5cm per year, they **bump**, pull, and slide against each other. Most earthquakes occur at **plate boundaries**, because the **stress** from the **bump**ing, pulling, and sliding builds up until the **crust** breaks, creating a **fault**. A break in the **crust** where rocks slip past each other is called a **fault**.

지진

❶ 오늘은 지구가 흔들리고, 덜걱덜걱 움직이고, 좌우로 흔들리는지에 대해 공부해 볼까요. 왜 지표면이 춤을 추기 시작하는 걸까요? 물론 이 말은 '왜 지진이 일어나는 걸까요?' 하는 말이지요. 오늘은 지진이란 무엇인지, 왜, 어떻게 발생하는지, 지진은 어떤 방법으로 전달되는지, 그리고 어떻게 측정하는지에 대해 공부하겠습니다.

❷ 이곳 샌프란시스코에서는 흔들흔들, 덜걱덜걱 흔들리는 움직임을 생활 속에서 느끼는 일이 자주 있지요. 그것은 커다란 트럭이 건물 앞을 달려 지나갔는지도 모를 일이고, 어쩌면 지진인지도 모릅니다. 지진은 전 세계에서 발생하는데, 많은 지진들이 매우 소규모이어서 우리들이 지면의 흔들림을 느끼지 못할 정도입니다. 그런데 대규모의 지진이 발생하면 우리에게 커다란 손해를 주고, 많은 사람들이 상처를 입거나 생명을 잃는 일도 있습니다. 우리는 '지진 국가'에 살고 있으니, 지진에 대해 가능한 자세하게 알아두는 것이 좋습니다. 지진이 왜 발생하는지, 어떻게 움직이며, 과학적으로는 어떻게 측정하는지를 알면 다음의 '대지진'에 대비할 수 있습니다.

❸ 지진이란 지표면 아래에 있는 암반이 움직여서 흔들리고, 덜걱덜걱 움직이고, 좌우로 흔들리는 것을 말합니다. 이 암반을 지각이라고도 부르는데, 지각은 왜 움직이는 걸까요? 이 움직임은 지각에 응력(스트레스)이 축적되기 때문에 발생합니다. 응력이 축적되는 것은 지각을 구성하고 있는 많은 플레이트가 움직이기 때문입니다. 플레이트가 연간 약 5cm 속도로 움직이면, 서로 부딪히기도 잡아당기기도 하며 서로 반대 방향으로 어긋나기도 합니다. 이들 충돌, 끌어당김, 어긋남과 같은 움직임에 따른 응력이 축적되어 가면, 최종적으로는 지각에 금이 가서 단층이 발생합니다. 이처럼 대부분의 지진은 플레이트의 경계에서 발생합니다. 암반이 어긋나서 생긴 지각의 금을 단층이라고 부릅니다.

Track 22

④ Take a look at this map of California. Do you see this line running along the length of California from south to north and into the Pacific Ocean? Can you guess what the line represents? You got it! It's the San Andreas, a **fault** that has caused some major headaches for Northern California residents. Here's the problem: the **San Andreas Fault** is located along the **boundaries** of the **North American Plate**, which carries California along with the rest of North America and other **land mass**es, and the **Pacific Plate**, which carries the Pacific Ocean. And you remember that the **plate**s are moving, don't you?

⑤ The two **plate**s are sliding past each other in opposite directions, but all is NOT smooth sailing, because the **crust** is not perfectly smooth. Instead, the **crust lock**s together in places where there is high **friction**. As the **crust lock**s, **stress** builds and builds until the built up energy must be **release**d. An earthquake occurs when the energy is **release**d all at once, and the **plate**s slide past each other in one tremendous **jolt**. In the famous San Francisco earthquake of 1906, which will reach its 100th anniversary this year, there was so much **stress** built up along the San Andreas that the **Pacific Plate** moved over 4 meters, and more in other areas along the **fault**.

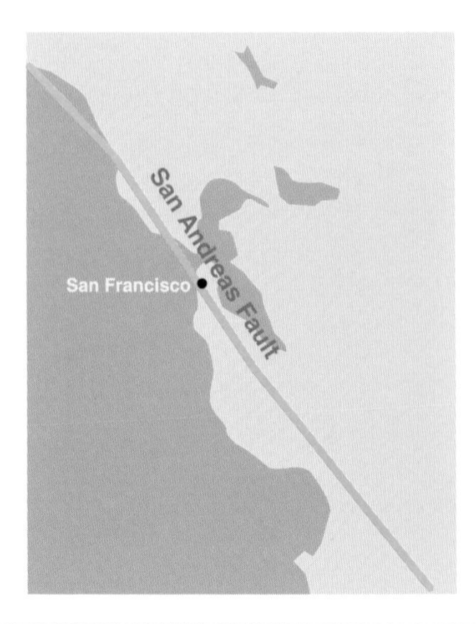

⑥ Let's find out what it looks like when an earthquake occurs. You can think of it like the **anatomy** of an earthquake. The earthquake begins at the **focus**, the place beneath the Earth's **crust** where the energy is being **release**d. Directly above the **focus** is the **epicenter**, which you may have heard about in news reports about earthquakes.

④ 이 캘리포니아의 지도를 보세요. 여기에 캘리포니아 전체를 남쪽에서 북쪽으로 뻗어, 태평양 안쪽까지 연장된 선이 있지요. 이 선은 무엇을 의미하는 걸까요? 그래요. 이것은 샌앤드레어스 단층으로, 북캘리포니아 주민들에게는 커다란 골칫거리입니다. 왜냐하면 샌앤드레어스 단층은 캘리포니아를 포함한 북아메리카 대륙 대부분과 그 이외의 대륙이 위치한 북아메리카 플레이트와 태평양 아래에 있는 태평양 플레이트, 이 두 플레이트의 경계에 있기 때문입니다. 앞에서도 플레이트의 움직임에 대해 설명했지요.

⑤ 이 두 플레이트는 서로 반대 방향으로 움직이고 있는데, 항상 원활하게 움직이는 것은 아닙니다. 왜냐하면 지각이 완전히 원활한 것은 아니기 때문입니다. 오히려 마찰이 큰 곳에서는 지각은 서로 맞물리게 됩니다. 지각이 맞물리면 응력이 점점 축적되고, 마지막에는 축적된 에너지가 방출됩니다. 이 에너지가 한 번에 방출되어, 두 플레이트가 서로 어긋나 격하게 움직일 때 지진이 발생하는 것입니다. 1906년에 그 유명한 샌프란시스코 지진이 발생한 지 올해로 100년이 되는데, 이 지진은 샌앤드레어스 단층을 따라 상당히 커다란 응력이 축적되었기 때문에 태평양 플레이트가 4m 이상이나 움직였습니다. 또 단층을 따르는 그 이외의 각 지역에서도 많은 움직임이 보였습니다.

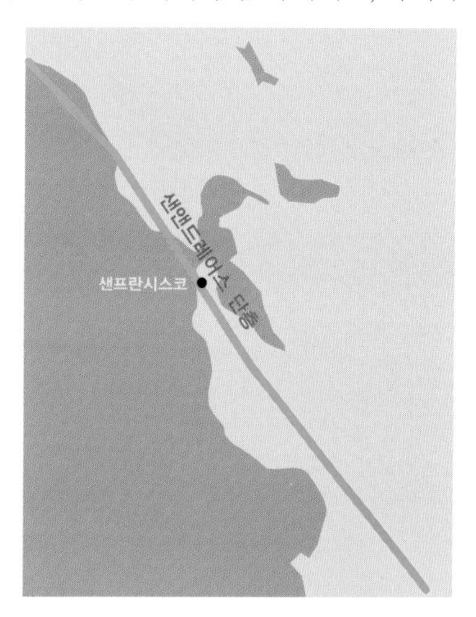

⑥ 지진이 발생한다는 것은 무엇을 말하는지 생각해 봅시다. 지진의 해부학입니다. 지진은 진원에서 시작됩니다. 진원이란 지각 아래에 있으며, 에너지가 방출되는 장소를 말합니다. 진원의 바로 위의 지표점을 진앙이라고 합니다. 이 용어는 지진에 관한 뉴스에서 자주 들을 수 있습니다.

Step 04

Track 23

⑦ News reporters talk about the **epicenter** because everyone wants to know where the earthquake started, and the **epicenter** is a place we can point to on a map. We'll find out in a minute how scientists find the **epicenter** of a quake.

⑧ The difference between the **epicenter** and the **focus** is that the **epicenter** is on the surface of Earth. The energy **release**d by an earthquake moves through Earth as **vibration**s called **seismic waves**, which **travel** away from the **focus** in all directions, much like a **pebble** makes **circular ring**s of waves when you throw it in a pool of water. The **seismic waves** carry an earthquake as far as their energy will take them. The waves transfer energy to the **crust** and cause the shaking we might feel as an earthquake. When all the energy has **dissipate**d, the shaking stops and the earthquake has ended.

⑨ There isn't just one kind of **seismic wave** – there are three kinds to think about, all with different characteristics. The three main types are **P waves**, **S waves**, and **surface waves**. **P waves**, or Primary waves, move fastest and arrive first at earthquake monitoring devices. **P waves compress** and **expand** the **crust** like an accordion or **Slinky**. **S waves** move a little more slowly than **P waves** and arrive second at earthquake monitoring devices. **S waves shake** the **crust** from side to side or up and down, like the shape of the letter "S." Finally, **surface waves**, which are slowest, can occur when **P waves** and **S waves** reach Earth's surface and cause violent shaking.

⑩ After an earthquake, everyone wants to know: where did it start? How can we find the **epicenter**? Scientists can determine the location of the **epicenter** of an earthquake by calculating the difference in arrival times of the **P waves** and **S waves** from three earthquake-monitoring stations. The time difference is calculated against the speed of the waves to find the distance from the monitoring station to the **epicenter**.

⑦ 뉴스에서 리포터가 자주 진앙에 대해 이야기하지요. 지진이 어디에서 시작되었는지에 관한 것은 모두가 알고 싶어 하는 것으로, 진앙은 지도상에 그 위치를 나타낼 수 있습니다. 과학적으로 어떻게 진앙을 밝혀낼 수 있는지에 대해서는 뒤에 이야기하겠습니다.

⑧ 진원과 진앙의 차이점은 진앙은 지표면에 있다는 점입니다. 지진으로 방출된 에너지는 지진파라고 부르는 진동으로 지표에 전해집니다. 지진파는 진원에서 사방을 향해, 마치 웅덩이에 던진 조약돌 주위에 원형의 파문이 생기는 것처럼 전달되어 갑니다. 지진파는 파문의 에너지가 다할 때까지 진동을 멀리 전달해 갑니다. 이 지진파가 지각에 에너지를 전달하여, 우리가 지진이라고 느끼는 흔들림을 발생시킵니다. 에너지가 모두 소비되면 흔들림이 멈추고 지진은 끝나게 됩니다.

⑨ 지진파는 한 종류만 있는 것이 아닙니다. 각각 다른 성질을 갖은 세 종류의 지진파를 생각해 볼 수 있습니다. 이 세 지진파를 각각 P파, S파, 표면파라고 부릅니다. P파는 Primary waves(제1차파)라고 부르는데, 가장 고속으로 전달되는 지진파로 지진계에 제일 먼저 도달합니다. P파는 아코디언이나 스프링처럼 지각을 압축, 팽창시킵니다. S파는 P파보다 조금 늦게 지진계에 두 번째로 도착합니다. S파는 마치 S자 모양처럼 지각을 좌우 또는 상하로 흔듭니다. 마지막 표면파는 가장 속도가 늦으며, P파와 S파가 지표에 도달했을 때 발생하여 심하게 흔들리는 원인이 됩니다.

⑩ 지진이 발생하면 모두가 '어디에서 시작했는지', '어떻게 하면 진앙을 밝혀낼 수 있는지'를 알고 싶어 합니다. 과학적으로는 P파와 S파의 도달시각 차이를 지진관측소 3곳에서 측정하여 진앙의 위치를 결정할 수 있습니다. 시간 차이를 2개의 파문 속도와 대조하여 계산해서, 관측소에서 진앙까지의 거리를 구할 수 있습니다.

Step 04

Track 24

⑪ Scientists then use a map to draw three circles around the locations of the earthquake monitoring stations, the **radius** of each circle being the distance from the station to the earthquake's **epicenter**. Where the three circles intersect is where the earthquake began. Then the **geologist**s can inform the news stations. An earthquake's energy can run, but it can't hide from geologists that monitor earthquake activity!

⑫ Let's review what we have learned today about earthquakes. Earthquakes are caused when **stress** builds up energy in Earth's **crust** and that energy is **release**d when the rock breaks or slips suddenly. A **fault** is a break in the Earth's **crust**, and **fault**s are often along **plate boundaries**. **Seismic waves** carry the energy **release**d in an earthquake away from the **focus** in every direction. The three types of **seismic waves** are **P waves**, **S waves**, and **surface waves**. An earthquake's **epicenter** can be located by measuring its distance from three earthquake-monitoring stations. Scientists use the difference in arrival times of **P waves** and **S waves** to calculate the distance from the stations to the **epicenter**. The next time you feel a **shake**, **rattle**, or **roll**, remember that earthquakes are the Earth's way of releasing **stress** built up it the **crust**. We all have to relax somehow!

지구과학 공부에 꼭 필요한 용어들을 좀더 살펴볼까요.

basalt	현무암	**hardness**	경도(硬度)
core	내각, 중심핵	**latitude**	위도
crystal	결정(結晶)	**lava**	용암
density	밀도	**longitude**	경도
deposit	퇴적물	**magma**	마그마
fold	(지질) 습곡(褶曲)	**magnetism**	자기
fossil	화석	**mantle**	맨틀
geomagnetism	지구 자기	**mass**	질량
granite	화강암	**matrix**	기질(基質)

⑪ 다음으로 지도 위에 세 개의 원을 그립니다. 원의 중심은 각 지진관측소의 위치, 원의 반경은 각 관측소에서 진앙까지의 거리입니다. 세 개의 원이 교차되는 지점이 지진이 시작된 위치입니다. 지질학자는 이렇게 구한 진앙의 위치를 뉴스보도국에 전달합니다. 지진의 에너지는 지진이 끝나면 사라지지만, 지진활동을 관측하는 지질학자에게는 그것을 알 수 있는 확실한 방법이 있습니다.

⑫ 그러면 오늘 지진에 대해 공부한 내용을 복습해 보지요. 지진은 응력에 의해 지각에 축적된 에너지가 갑자기 암반의 균열이나 어긋남에 의해 방출되면서 발생합니다. 단층이란 지각에 생긴 균열을 말하는데, 많은 경우 플레이트의 경계를 따라 발생합니다. 지진의 에너지를 진원에서 사방 곳곳으로 전달하는 것이 지진파입니다. 지진파에는 P파, S파, 표면파 세 종류가 있습니다. 진앙은 지진관측소 3곳에서 거리를 구하여 조사할 수 있습니다. 과학적으로는 P파와 S파의 도달시각의 차이를 측정하여, 관측소에서 진앙까지의 거리를 계산할 수 있습니다. 혹시 다음에 흔들림이나 지각의 변동을 느끼는 경우가 있다면, 지진은 지각에 축적된 응력이 방출되면서 일어난다는 사실을 떠올려 보세요. 조금은 침착하게 행동할 수 있을지도 모르겠네요!

mineral	광물	**chemical composition**	화학조성
mole	몰(기호 mol)	**heat balance**	열평형
pressure	압력	**igneous rock**	화성암
solid	고체	**outer core**	외각, 외핵
solution	용액	**radiometric dating**	방사성 연대 결정법
temperature	온도	**solid solution**	고용체(固溶體)
texture	조직	**temperature distribution**	온도 분포
weight	중량	**the nature of the soil**	지질
active fault	활단층	**transition layer**	전이층

Homework

■ 다음은 세계 각지에서 발생한 유명한 대지진입니다.
아래 선택지에서 각 지진이 일어난 연도를 맞춰 보세요.

❶ Indian Ocean Earthquake

❷ Great Hanshin Earthquake

❸ Northridge, California Earthquake

❹ Good Friday Earthquake

❺ Great Mexican Earthquake

❻ San Francisco Earthquake

❼ Great Chilean Earthquake

선택지

ⓐ 1923년 ⓑ 1960년

ⓒ 1964년 ⓓ 1985년

ⓔ 1994년 ⓕ 1995년

ⓖ 2004년

세계 각지에서 발생한 큰 지진들도 영어로 설명할 수 있도록 되면 좋겠지요.

선생님의

비밀노트

미국에서는 일반적으로 지진은 주변에서 쉽게 일어날 수 있는 천재(天災)라고 생각하지 않는데 캘리포니아 주만은 예외이다. 캘리포니아 주에는 몇몇 단층이 통과하고 있어, 이제까지도 수차례 커다란 지진이 발생했기 때문이다. 가장 기억에 남는 지진이라고 하면, 1989년 10월 17일 오후 5시 4분에 발생한 로마 프리에타 지진이다. 그 진원지는 산타크루즈에서 약 16km 정도 떨어진 로마 프리에타 산(Loma Prieta Mountains)으로, 지진 규모는 7.1이었다. 진원지에서 약 80km 떨어진 샌프란시스코와 샌프란시스코만 주변의 인구밀집 지역에 커다란 피해를 가져와, 67명이 사망하고 손해액이 60~70억 달러에 이르렀다.

이 날은 야구 월드시리즈 제3차전(샌프란시스코 자이언츠팀과 샌프란시스코만을 사이에 두고 오클랜드에 홈구장이 있는 오클랜드 어슬레틱스팀의 경기!)이 바로 샌프란시스코에서 열리려던 시간이었다. 이 때문에 그 지역의 많은 사람들이 야구를 관전하기 위해 일찍 집으로 돌아가서, 러시아워 시간대임에도 고속도로에 차가 적었다고 한다. 그렇지 않았다면 거리에 발생한 사상자 수는 더 늘어났을 것이다.

샌프란시스코에서는 100여 년 전인 1906년에도 대지진이 발생하여, 시민의 약 반수가 지진 후에 발생한 화재로 집을 잃었다. 이 두 지진 모두 San Andreas Fault(샌앤드레어스 단층)로 인해 발생한 것이다. 이러한 배경이 있어 지진과 지각에 관한 수업은 학생이 진지하게 듣는다고 한다.

World History

7교시 수업

World History 세계사

7교시에는 고대 그리스 문명에 대해 배우겠습니다. 고대 그리스 문명과 사상은 현재 서양 문화와 사상의 기초가 되었습니다. 이번 수업에서는 Ardell 선생님이 고대 그리스의 정치 구조, 황금시대의 건축, 과학, 문학, 철학 등의 문화를 순서대로 설명합니다.

선생님은 그리스 문화의 요점을 설명하는 이외에도, 예를 들어 democracy의 본래 의미나 여러분이 잘 알고 있는 나이키(Nike), 골프채에 사용되는 티탄(titanium) 등의 이름이 그리스 신들의 이름에서 유래했다는 사실을 예로 들며 수업을 매우 흥미진진하게 이끌어갑니다. 세계사 시간에 공부했던 그리스 문명 수업을 떠올리며 주의 깊게 들어보세요.

Ancient Greece
고대 그리스 문명

Teacher : Ardell

Step 01 Vocabulary

7교시 세계사 수업에 꼭 필요한 단어와 용어입니다.
먼저 예습을 열심히 한 후 수업을 들으세요.

admire [ædmáiər / ədmáiər]	찬미하다, 감탄하다
advancement [ədvǽnsmənt]	전진, 발달, 증진
Aphrodite [æ̀frədáiti]	아프로디테(그리스 신화의 미의 신)
Apollo [əpɑ́lou / əpɔ́lou]	아폴로(그리스 신화 12신 중 한 명)
Aristophanes [æ̀ristɑ́fənìːz]	아리스토파네스(고대 그리스의 희극작가)
Aristotle [ǽrəstɑ̀tl]	아리스토텔레스(고대 그리스의 철학자)
arrogant [ǽrəgənt]	거만한, 오만한
assembly [əsémbli]	회의, 집회
Athens [ǽθinz]	아테네
body [bɑ́di / bɔ́di]	이 수업에서는 '대표기관'(representative는 대표, 대표자, 대의제의. body는 사람, 단체, 조직)
civilization [sìvəlizéiʃən]	문명
column [kɑ́ləm / kɔ́ləm]	이 수업에서는 '원주'
comedy [kɑ́mədi / kɔ́mədi]	희극
controversial [kɑ̀ntrəvə́ːrʃəl]	논의의, 물의를 일으키는
definition [dèfəníʃən]	정의
democracy [dimɑ́krəsi]	민주주의
devote [divóut]	전념하다, 바치다
ensure [inʃúər]	확실하게 하다, 확보하다
epic [épik]	서사시
exclusive [iksklúːsiv]	배타적인, 독점적인
goddess [gɑ́dis / gɔ́dis]	여신
Hades [héidiːz]	하데스(그리스 신화의 저승의 신)
Hippocrates [hipɑ́krətìːz]	히포크라테스(고대 그리스의 의학자)

○ **Homer** [hóumər]	호메로스(고대 그리스의 서사시인)
○ **hemlock** [hémlɑk]	햄록(미나리과의 독초)
○ **Hermes** [hə́ːrmiːz]	헤르메스(그리스 신화의 행운, 부유의 신)
○ **hominids** [hɑ́mənid]	사람과(의)
○ **intrigue** [intríːg]	(연극 등의) 줄거리, 음모
○ **lesser** [lésər]	더 적은, 더 못한
○ **logic** [lɑ́dʒik / lɔ́dʒik]	논리학
○ **Nike** [náikiː]	니케(그리스 신화의 승리의 여신)
○ **notable** [nóutəbl]	주목할 만한, 뛰어난
○ **oath** [óuθ]	맹세
○ **Olympia** [əlímpiə]	올림피아(그리스의 도시명)
○ **Parthenon** [pɑ́rθənɑ̀n]	파르테논(그리스 여신 아테네의 신전)
○ **Pericles** [pérəklìːz]	페리클레스(고대 그리스 시대의 정치가)
○ **Persian** [pə́ːrʒən, pə́ːrʃən]	페르시아 사람, 페르시아의
○ **Plato** [pléitou]	플라톤(고대 그리스의 철학자)
○ **pledge** [plédʒ]	선서
○ **polytheism** [pɑ́liθìːizm]	다신교, 다신론
○ **Poseidon** [pousáidn]	포세이돈(그리스 신화의 바다의 신)
○ **pupil** [pjúːpəl]	학생
○ **Socrates** [sɑ́krətìːz]	소크라테스(고대 그리스의 철학자)
○ **Sophocles** [sɑ́fəklìːz]	소포클레스(고대 그리스의 비극 시인)
○ **Titan** [táitn]	타이탄(그리스 신화의 올림포스 신들 이전의 거인족)
○ **titanium** [taitéiniəm]	티탄

7 교시

Step 01

tragedy [trǽdʒədi]	비극
vast [vǽst/vάst]	거대한, 막대한
vote [vóut]	투표, 투표권, 투표하다
Zeus [zúːs / zjúːs]	제우스(그리스 신화의 최고신)
a bunch of	(구어) 많은
city-state	도시 국가
court system	법정, 재판소
decision-making	의사 결정
Golden Age	황금시대
Hippocratic Oath	히포크라테스의 선서
Palace at Knossos	크노소스 궁전(Knossos는 그리스 지명)
The Iliad	일리아드(호메로스의 서사시)
The Odyssey	오디세이(호메로스의 서사시)
The Temple of Hera at Olympia	올림피아 헤라 신전 (Hera는 그리스 신화의 여신. The Temple of Hera는 올림픽 성화 불씨를 얻는 행사가 이루어지는 장소)
critical thinking	비판적 사고

학교생활

미국 중학교는 선생님마다 각자 교실이 있어서, 학생들이 자신의 시간표에 따라 교실을 이동한다. 학급 담당은 Core 과목의 선생님이 두 명씩 팀을 짜서 한 학급을 담당한다. 담임선생님은 사무적인 서류 작성과 출석 파악, 긴급 상황시 피난방법을 알려주는 등의 일을 주로 하며 학생을 지도하지는 않는다. 선생님에게 상담을 하고 싶은 경우에는 모두 학교 카운슬러를 통해 이루어진다. 일반적으로 1교시에는 학급 담임선생님 시간으로 배정되어 있어서 출석 확인을 하고 모든 연락사항을 전달한다.

다음은 시간표의 한 예이다.

Time	Monday	Tuesday	Wednesday	Thursday	Friday
8:15 - 9:10	Core 1	Core 1	Core 6	Core 1	Core 1
9:15 - 10:15	Core 2	Core 2	Core 7	Core 2	Core 2
10:15 - 10:25			Brunch		
10:30 - 11:25	M / PE / E	Core 7	M / PE / E	Core 5	M / PE / E
11:30 - 12:25	M / PE / E	M / PE / E	M / PE / E	Core 6	Core 5
12:25 - 13:00			Lunch (Club)		
13:05 - 14:00	Core 5	M / PE / E	Advisory / Core	Core 7	Core 6
14:05 - 15:00	Core 6	Core 5		M / PE / E	Core 7
15:00 - 15:10	T.E.A.M.	T.E.A.M.		T.E.A.M.	T.E.A.M.
15:10 -			(Club)		

Core1은 학급 담임선생님 수업이다. 담임선생님이 수학 담당이면 수학, 영어 담당이면 영어 수업이 된다. M은 Music, PE는 체육, E는 Elective이다. 주에 음악 2시간, 체육 2시간, 선택 2과목을 각 2시간씩 이수한다.

T.E.A.M.(Tutoring, Enrichment, Activities, Make-Up)은 과외활동과 보충수업의 약자이다.

교과서는 두꺼워서 학교에 보관한다. 따라서 학교에 교과서를 가지고 다니는 일은 없으며, 집에서 공부하기 위해 학교에서 빌린 경우에는 연말에 학교에 반환한다. 책에 낙서를 하는 등 더럽게 사용하는 일은 절대 용납하지 않으며, 만일 더럽히거나 찢어진 경우에는 변상해야 한다. 그리고 자신이 가지고 있는 물건은 모두 열쇠가 달린 학교 사물함에 넣어둘 수 있다. 사물함 열쇠는 매년 초에 구입하여 연말에 반환한다.

Step 02 Listen & Write

Ardell 선생님의 7교시 세계사 수업은 다음과 같은 순서로 진행됩니다. CD를 통해 수업을 들으면서 오른쪽 페이지에 핵심 단어와 표현들을 메모해 보세요.

● 정치 시스템

제일 먼저 고대 그리스의 정치 시스템에 대한 설명입니다.

● 문화

다음은 고대 그리스의 다신론(polytheism)과 그 신들, 올림픽의 유래 등에 대한 설명입니다.

● 황금시대

고대 그리스의 황금시대에는 뛰어난 예술과 건축이 탄생했습니다.

● 철학

마지막에는 히포크라테스, 플라톤, 소크라테스, 아리스토텔레스 등 고대 그리스가 배출한 유명한 철학자들을 소개합니다.

Dictation

정치 시스템

문화

황금시대

철학

Step 03 Listen & Check

Ardell 선생님이 설명한 세계사 수업 내용의 핵심입니다. 핵심 내용을 바탕으로 CD를 들으면서 수업 내용을 파악하세요.

● 정치 시스템

우선 고대 그리스의 정치 시스템에 대해 알아봅니다. 현재 많은 나라에서 채택하고 있는 '민주주의' 의 기초를 만든 것이 고대 그리스라고 설명합니다. Ardell 선생님은 영어 democracy(민주주의)는 본래 '사람들에 의한 정치' 를 의미하는 두 단어를 합친 것이라고 설명합니다. 또 민주주의라 해도 현재와 같이 남녀평등이 실천된 것이 아니라, 고대 그리스에서는 20세 이상의 남성만이 투표를 할 수 있었다고 설명합니다.

● 문화

고대 그리스가 그 이름을 알린 것은 물론 정치와 철학도 큰 역할을 했지만 탁월한 문화의 영향도 있습니다. 고대 그리스 문화는 다양한 지역의 다양한 문명으로 계승되었습니다. 선생님은 고대 그리스의 다신론(polytheism)과 그 신들, 올림픽의 유래 등에 대해 설명합니다. 그리스 신화에 등장하는 신들의 이름은 현재 우리의 생활 곳곳에서 사용되고 있습니다.

● 황금시대

다음으로 Ardell 선생님은 고대 그리스의 황금시대에 대해 설명합니다. 기원전 5세기를 고대 그리스의 황금시대라 부르는데, 거기에는 몇 가지 이유가 있습니다. 페르시아와 치른 전쟁에서 승리하여, 뛰어난 예술과 건축이 탄생한 것이 이 시기입니다. 선생님은 고대 그리스의 저명한 건축물과 작품, 과학자 등을 소개합니다. 여러분이 알고 있는 이름도 나오지만, 한국어 발음과 다른 것들이 많으므로 CD를 들으며 올바른 발음을 확인해 두세요.

● 철학

마지막으로 선생님은 고대 그리스가 배출한 저명한 철학자들을 소개합니다. 히포크라테스, 플라톤, 소크라테스, 아리스토텔레스의 이름과 작품들은 여러분에게도 친숙하지만, 이들 발음도 한국어와는 다른 것이 많으므로 CD를 듣고 올바른 발음을 확인해 두세요.

교칙

교칙은 학교구마다 다른데, 수 페이지에 걸쳐 자세하게 문서로 되어 있다. 이것은 소송대책을 위한 것이며 또 공평하게 처리하기 위한 이유이기도 하다. '위반했을 시에는 이유 여부를 일절 고려하지 않는다'(Zero Tolerance policies)라는 엄격한 규칙을 정해 놓기도 하는데, 미국에서 이것은 일반적이다. 'Zero Tolerance policies'는 너무 엄격하고 융통성이 없다는 비판도 받지만, 세세한 상황을 고려하여 처분을 판단하는 애매함을 배제, 외부 압력에 의해 처분이 좌우되지 않는 점, 학생들이 명확하고 이해하기 쉽다는 등의 이유로 지지도 받고 있다.

경미한 위반 행위가 있을 경우에는 예를 들어 다음과 같은 지도가 이루어지며 이 중 하나 또는 몇 가지를 조합하여 지도한다. 1) 담당 교사가 학생 본인에게 경고 및 지도, 2) 학교 카운슬러가 학생 본인 지도, 3) 보호자에게 통지, 4) 방과 후 남게 하는 등의 개인지도, 5) 보호자 호출, 6) 적절한 외부기관을 통한 지도, 7) 학교구에 보고. 무단으로 수업을 결석하는 경우에는 매번 반드시 보호자에게 전화와 우편으로 통보한다. 무단결석을 3회 했을 때는 발각 즉시 집으로 되돌려 보내고, 4회째에는 학교 카운슬러와 교장선생님이 지도와 경고, 5회째에는 그 수업에서 낙제가 된다.

중대한 위반을 했을 경우에는 그 수업의 출석 정지, 정학과 자택근신, 반성문 제출, 지역과 학교구에 보고, 적절한 학교관계 기관에 송치, 경찰에 위탁, 전학, 소년 재판소 위탁 등으로 조치가 이루어지며, 최악의 경우에는 의무교육기간의 공립학교에서도 퇴학처분이 내려진다. 총 등의 무기나 위험물을 소지하여 남에게 해를 끼쳤을 경우에는 단계 절차 없이 바로 경찰에 통보한다.

Step 04
Listen & Review

Ardell 선생님이 설명한 세계사 수업 스크립트와 해석입니다. CD를 통해 수업을 들으면서 단어 하나, 표현 하나까지 확인해가며 다시 한 번 집중해서 들어보세요.

Track 25

Ancient Greece

❶ Today we are going begin our study of ancient Greece. I have separated the different topics in to categories. Our first category is government. It is important to study ancient cultures to learn about the world today. As we begin our studies of the ancient world, we must first understand what time period it is that we are studying. Ancient times often begins with the early humans, or **Hominids**, as some people say. It does not begin until around 6,000 B.C. with the beginning of writing. The time period generally ends around the year 200 A.D. I think for our discussion today we will focus on the time period which begins after the beginning of writing. This particular time period in Greece is very influential.

❷ The Greeks are known to have changed the world as it is today. The most obvious influence of the Greeks is the development of **democracy**. The word **democracy** comes from the Greek word *demokratia*. This is actually two Greek words put together to mean the 'rule of the people.' This form of government began during the time of the great **city-state** of **Athens**, which time period was between 600 B.C. and 500 B.C. Although the **definition** would lead you to believe that all people were able to be involved in government, the Athenians were actually quite **exclusive**. Only males above the age of 20 truly were able to be part of the **assembly**, which is the **decision-making** group. This type of government has often been borrowed by western cultures. Many countries that exist today share the ideas of having all of their citizens **voting** and having representative **bodies** that make decisions based on the wishes of the people.

고대 그리스 문명

❶ 오늘은 고대 그리스에 대해 공부해 볼까요. 각 주제를 카테고리별로 나누어 보았습니다. 첫 번째 카테고리는 정치입니다. 현재 세계에 대해 공부하는데 있어 고대 문화를 공부하는 일은 중요합니다. 고대 세계에 대해 배우기 전에 우선 앞으로 공부하는 것이 어느 시대에 관한 것인지 이해할 필요가 있습니다. 고대 문화는 초기 인류 즉 사람과(科)의 문화와 함께 시작되는데, 문자 사용이 시작된 기원전 6000년경에 시작한다고 생각하는 사람도 있습니다. 또 이 시대는 일반적으로 서기 200년경에 끝이 났다고 이야기들 합니다. 오늘 수업은 문자 사용이 시작된 이후의 시대에 초점을 맞춥니다. 이 시대의 그리스는 현대에 커다란 영향을 주고 있습니다.

❷ 그리스인은 세계를 오늘날의 형태로 바꾸었다고 생각합니다. 그리스 문화가 가장 영향을 끼친 것은 민주주의의 발달이지요. democracy라는 말은 그리스어인 demokratia에서 파생한 것입니다. 실은 demokratia는 '사람에 의한 통치'를 의미하는 두 개의 단어를 합친 것입니다. 이 민주주의에 기초한 정부는 기원전 600년부터 기원전 500년경 사이에 위대한 도시국가 아테네 시대에 시작되었습니다. 민주주의의 정의로 보면 여러분은 아테네의 모든 사람이 정치에 관련할 수 있었다고 생각하겠지만, 실은 아테네 사람들은 상당히 배타적이었습니다. 의사결정 기관의 회의에는 20세 이상의 남성만이 참가할 수 있었습니다. 다른 서양 문화도 정부에 이 방식을 많이 도입했습니다. 현재 많은 나라들이 모든 국민에게 투표권을 부여하고, 대표자 조직은 국민의 의사에 기초한 의사결정을 행한다는 사고방식을 공유하고 있습니다.

Step 04

Track 26

③ The second topic that we're going to talk about today is culture. I think that what Greece is truly famous for is its unique culture. Although the birth of **democracy** is a **vast** contribution to the world, the culture of the ancient Greeks is also something to be **admire**d. Ancient Greek culture has also carried over to the world today. In ancient times, the Greeks believed in many different gods. This practice is known as **polytheism**: *poly* meaning many, the meaning *God*, and *ism* is often referred to as an act, practice or a belief in. The Greeks were not the only polytheistic ancient **civilization**, but their belief in many gods affected some of the traditions of Western culture today. The most prevalent is their honoring of the most powerful god, **Zeus**.

④ The Greeks honored **Zeus** every four years by bringing all of the **city-state**s together in a place called **Olympia**. This tradition became known as the Olympics, and is still a tradition today when many countries around the world gather together to celebrate the physical talent and skills of their people. While the main Greek gods were **Zeus**, **Poseidon**, **Hades**, **Apollo**, **Hermes** and **Aphrodite**, we have many things today that are named after some of the **lesser** known gods, such as **titanium**, which is named after the **Titan**, or even the **Nike** shoes that many people are wearing today, which is named after a Greek **goddess**. Many of the planets today were initially named after Greek gods, but the English names that have remained are often from the Roman gods. For example, the Greeks had initially used the name **Zeus** for the large planet Jupiter.

③ 오늘의 두 번째 주제는 문화입니다. 그리스를 정말로 유명하게 만든 것은 이 특별한 문화라고 생각합니다. 민주주의의 탄생은 세계에 지대한 공헌을 했지만, 고대 그리스 문화 또한 칭송받을 만합니다. 고대 그리스 문화는 현대 세계에도 계승되었습니다. 고대 그리스인들은 여러 신을 믿었습니다. 이 신앙 형태를 polytheism(다신론)이라 부릅니다. poly는 '많은', the는 '신', ism은 '종종 행위와 관례, 믿는 것' 등을 의미합니다. 다신교의 고대 문명은 그리스에만 있는 것은 아니었지만, 그들의 여러 신에 대한 신앙은 오늘날 서양 문화의 몇몇 양식에도 영향을 주었습니다. 가장 잘 알려진 것은 최고신 제우스에 대한 그리스인들의 경의입니다.

④ 그리스인들은 4년마다 올림피아라고 부르는 곳에 모든 도시국가를 집결해 제우스를 찬양했습니다. 이 전통이 올림픽으로 알려져, 현재에도 세계 각지의 많은 나라가 국민의 신체적 능력과 기능을 찬양하기 위해 모입니다. 그리스의 주요 신은 제우스, 포세이돈, 하데스, 아폴로, 헤르메스, 아프로디테이었는데, 오늘날에는 그 이외 잘 알려지지 않은 신들과 관련된 이름을 지닌 사물이 많이 존재합니다. 예를 들면 타이탄의 이름을 딴 titanium(티탄)이 그렇고, 많은 사람들이 신고 있는 스포츠 운동화인 '나이키'는 그리스의 여신 Nike(니케)의 이름을 딴 것입니다. 처음에는 많은 행성 이름도 그리스 신들의 이름을 따서 붙였는데, 현재 영어 행성명으로 남아 있는 것은 로마 신들의 이름을 따서 붙인 것입니다. 예를 들면 그리스인들은 처음에 가장 커다란 행성인 목성(영어명 Jupiter)의 이름에 Zeus(제우스)를 사용했습니다.

Step 04

Track 27

⑤ The next topic that we are going to talk about today is the **Golden Age** of Greece. The Greeks contributed much more to the world than **a bunch of** words. For example, the fifth century B.C. is known in Greece as the **Golden Age**. There are many reasons for this. The Greeks had just defeated the attacking **Persian**s, and a man named **Pericle**s was running the Athenian government. **Pericle**s encouraged artists and architects during this time period due to his strong desire to make **Athens** a world-class **city-state**. This **advancement** produced the famous Greek **column**s and architecture which still exist today. Some of the most famous buildings today that you may have heard of are: **The Palace at Knossos**, **The Temple of Hera at Olympia**, and the most famous, the **Parthenon**. These are all buildings that were built during the magnificent time period twenty-five hundred years ago to honor the gods, and they are still standing today.

⑥ Architecture was not the only **advancement** of this time. Writers were free to express themselves during the **Golden Age** as well. Some of the most famous are **Sophocles**, who wrote **tragedies**, and Aristophanes, who wrote **comedies**. These are two types of plays that became very famous in ancient Greece and which have carried over to Western culture today. These plays are known as drama, although they were originally performed to honor the Greek gods, today they are performed for entertainment.

⑦ Another famous writer wrote **epic**s. His name is **Homer**. **Homer** is known for his two most famous stories called *The Iliad* and *The Odyssey*. These two stories tell of the wars in ancient Greece and the travels of Greeks trying to get home from the wars. They include many of the Greek gods and are read all over the world today.

⑤ 오늘 이야기를 할 다음 토픽은 그리스의 황금시대입니다. 그리스는 언어 이외에도 세계에 많은 공헌을 했습니다. 예를 들면, 기원전 5세기를 그리스의 황금시대라 부르는데 여기에는 많은 이유가 있습니다. 그리스는 공격을 해 온 페르시아를 패배시키고, 페리클리스가 아테네 정부를 운영했습니다. 페리클레스는 아테네를 세계적으로 자랑할 만한 도시국가로 만들고 싶다는 강한 바람으로, 이 시기에 예술가와 건축가를 지원했습니다. 이 지원으로 이루어진 예술과 건축의 진보가 오늘날에도 그 모습을 남긴 유명한 그리스의 원주와 건축을 탄생시킨 것입니다. 현재 가장 유명한 건축물 중에 여러분도 들어본 적이 있으리라 생각되는 것에는 크노소스 궁전, 올림피아 헤라 신전 그리고 가장 유명한 파르테논 등이 있습니다. 이들 건축물은 모두 지금부터 2500년 전의 장대한 시대에 신들을 찬양하기 위해 건축되어 현재까지도 아직 남아 있는 것입니다.

⑥ 이 시대에 발전한 것은 건축만이 아닙니다. 이 황금시대에는 저술가도 자신의 생각을 자유롭게 표현할 수 있었습니다. 가장 유명한 저술가로는 다수의 비극 작품을 쓴 소포클레스와 희극을 쓴 아리스토파네스 등이 있습니다. 비극과 희극은 고대 그리스 역사에서 상당히 유명한 것으로, 오늘날의 서양 문화로도 이어졌습니다. 이것들은 본래는 그리스 신들을 찬미하기 위한 것이었는데, 드라마(극)라고 불리며 현재에는 오락으로서 연기되고 있습니다.

⑦ 또 한 명의 유명한 저술가는 서사시를 썼습니다. 그의 이름은 호메로스라고 합니다. 호메로스는 그의 작품 중에서 가장 유명한 '일리아드'와 '오디세이'로 알려져 있습니다. 이 두 이야기는 고대 그리스에서 일어난 전쟁과 전쟁터에서 집으로 돌아가려는 그리스인들의 여행에 대해 엮은 것입니다. 이들 이야기에는 그리스 신들도 많이 등장하여 현재에도 전 세계에서 읽히고 있습니다.

Track 28

⑧ A famous scientist grew out of this time period. **Hippocrates** convinced the people of ancient Greece that there were natural causes for some diseases and of the importance of keeping a healthy body. He also wrote the **oath** that doctors must still take today called the **Hippocratic Oath**. This **oath** is a **pledge** that doctors take to ensure that they will always try to help their patients and never to intentionally hurt them. This **oath** has been seen in the United States as very **controversial**, and is often brought up in the **court system** today.

⑨ Our final topic today that we are going to discuss is philosophy. Let's talk about some of the fun things that the Greeks have brought to our world. The Greeks became almost an **arrogant** people during these times, as they became more **admire**d by other **civilization**s. People were drawn to **Athens** for its entertainment and **intrigue**. Philosophers began to make themselves noticed. One of the most famous philosophers during this time was **Socrates**. Although he never wrote anything himself, he was a teacher, and his work and ideas were written by his students.

그리스 신화에 등장하는 인물에 대해 좀더 살펴볼까요.

Aphrodite 그리스 신화의 미 · 사랑 · 풍작의 신

Apollo 그리스 신화 12신 중의 한 명. 음악 · 의술 · 궁술 · 예언, 또 광명의 신으로 태양과 동일시 된다.

Athena 그리스 신의 최대 여신. 최고신인 제우스의 머리에서 태어났다는 이야기가 있으며 학문 · 기예 · 지혜 · 전쟁을 담당한다.

Hades 그리스 신화의 저승의 신. 부의 신이며 플루톤이라 부르기도 한다.

Hera 그리스 신화의 최고 여신. 여성의 보호신이며 결혼도 담당한다.

Hermes 그리스 신화의 행운 · 부유의 신으로 상업 · 도둑 · 경기의 보호자이며, 나그네의 보호신이기도 하다.

⑧ 이 시대에는 유명한 과학자도 배출했습니다. 히포크라테스는 고대 그리스 사람들에게 병에는 본래의 원인이 있으며, 신체를 건강하게 유지해야 하는 중요성에 대해 주창하였습니다. 그는 또 현재에도 의사가 반드시 맹세해야 하는 '히포크라테스의 선서' 를 썼습니다. 이 선서는 의사는 항상 환자를 도우며, 절대로 의도적으로 환자에게 상처를 주어서는 안 된다는 내용을 보증하는 맹세입니다. 미국에서는 이 선서가 논쟁의 쟁점이 되어 오늘날에도 자주 법정에서 거론되고 있습니다.

⑨ 오늘 수업의 마지막 주제는 철학입니다. 이제 그리스인들이 세계에 준 재미있는 이야기를 하지요. 그리스인들은 이 황금시대에 다른 문명의 사람들에게 찬탄을 받아 거만해졌습니다. 사람들은 오락과 연극의 복잡한 내용에 매력을 느껴 아테네로 향했습니다. 이때 철학자들은 자신들의 존재를 알렸습니다. 이 시대의 가장 유명한 철학자 중 한 명이 소크라테스입니다. 소크라테스는 스스로는 아무것도 집필하지 않았지만, 교사였기에 그의 일과 생각을 그의 학생들이 기록으로 남겨 두었습니다.

Nike 그리스 신화의 승리의 여신.

Poseidon 그리스 신화의 바다의 주신. 또 대지, 샘, 지진, 말의 신.

Titan 그리스 신화의 올림포스 신들 이전의 거인족. 제우스와 싸워 타르타로스(지하계)로 떨어졌다.

Zeus 그리스 신화의 최고신. 하늘을 지배하며 정치 · 법률 · 도덕 등의 인간생활도 같이 지배한다.

Step 04

Track 29

⑩ **Socrates devote**d his life to questioning the world and human behavior. He is best known for his conversations with others and his **critical thinking**, but it was the writing of his **pupil**s that made him famous.

⑪ **Plato** was a loyal student to **Socrates**. When **Socrates** killed himself drinking the poison **hemlock**, **Plato** traveled the world learning and talking with other thinkers, but eventually he returned to **Athens** to begin a school teaching the Socratic Method.

⑫ Another of the great thinkers of ancient Greece is **Aristotle**, who was a student at the academy that **Plato** began, and continued the tradition of research, educating others, and writing. **Aristotle** focused his studies on **logic**, physics, and biology.

⑬ Because of all of these **advancement**s by the Greeks, they will always be considered a people that contributed a lot to western society. Keep in mind, though, there are other European cultures that have been equally **notable**. The Romans, for example have contributed greatly to the world today as well. But we can save that for another chapter.

⑩ 소크라테스는 그의 인생을 세계와 인간 행동에 관한 탐구에 바쳤습니다. 소크라테스가 다른 사람들과 벌인 토론과 비판적인 사고는 잘 알려져 있는 이야기지만, 그를 유명하게 만든 것은 그의 제자들이 남긴 기록이었습니다.

⑪ 플라톤은 소크라테스의 충실한 학생이었습니다. 소크라테스가 독을 마시고 자살하자, 플라톤은 세계를 여행하며 다른 사상가들과 함께 배우고 대화를 해 나갔습니다. 하지만 결국 아테네로 돌아와 소크라테스 방식을 채용한 학교를 열었습니다.

⑫ 고대 그리스의 또 한 명의 위대한 사상가는 아리스토텔레스입니다. 아리스토텔레스는 플라톤이 시작한 학원의 학생으로, 연구와 다른 사람들의 교육, 집필 등 학원의 전통을 계승하였습니다. 아리스토텔레스는 논리학, 물리학, 생물학에 중점을 둔 연구를 했습니다.

⑬ 그리스인의 이러한 각 분야의 전진으로, 그들은 앞으로도 영원히 서양 사회에 지대한 공헌을 한 사람들로 여겨지겠지요. 하지만 그 이외에도 그리스와 필적할 만한 유럽 문화가 있습니다. 예를 들면 로마인들도 현대 세계에 공헌을 많이 했습니다. 로마인에 대해서는 다음 기회에 이야기를 하지요.

Homework

■ 다음 질문을 영어로 답해 보세요.

1. What is the national language of Greece?
2. What city is the capital of Greece?
3. In what year, was the Greece independence from Osman formally approved?
4. What is the country on the east side of Greece?
5. What is the country on the west side of Greece?
6. What is the leading industry of Greece?
7. What is the national flower of Greece?

왠지 그리스에
가고 싶어 졌네요.

선생님의
비밀노트

이번 수업에서 소개한 '히포크라테스의 선서'는 고대 그리스 의학자인 히포크라테스에서 유래하는 의사의 윤리를 기술한 선언문으로, 고금을 통해 의사가 가져야 할 도덕성의 최고 지침으로 여겨진다. 현재에는 거의 대부분의 미국 대학 의학부에서 졸업식 때 학생들이 이 선언문을 읽고 그 내용을 맹세한다. '히포크라테스의 선서'는 유산을 금지하고, 사람을 죽음에 이르게 하는 행위를 금지하므로, 미국에서는 abortion(유산), euthanasia(안락사), 의사가 행하는 사형수의 사형보조 등을 이야기할 때 자주 인용된다. 내용이 많아 여기에서는 일부만 소개합니다. 나머지는 영어 원문을 찾아 도전해 보세요.

● 히포크라테스의 선서(Hippocratic Oath)

· 자신의 능력과 판단에 따라 환자에게 이로운 치료 방법을 택하며, 좋지 않고 유해한 치료법은 절대로 택하지 않는다.
· 의뢰를 받는 일이 있어도 사람을 죽음으로 인도하는 약은 주지 않는다. 이를 상기시키는 일도 삼간다. 이와 마찬가지로 임신부에게는 유산의 위험성이 있는 도구를 주지 않는다.
· 순수함과 신성함을 평생 동안 일관하며 의술을 행한다.
· 어느 가정을 방문하건 환자에게 이롭게 하기 위함이며, 모든 장난스런 행동과 타락적인 행위를 삼간다. 남자와 여자, 자유인과 노예의 차이를 고려하지 않는다.
· 의료의 관계와 상관없이 타인의 생활에 대한 비밀을 엄수한다.
· 이 맹세를 지키는 한 나는 항상 인생과 의술 실시를 즐겁게 여기고 모든 사람에게 존경받을 것이다. 만약 이 맹세를 지키지 못한다면 그 반대의 운명을 받아들여야 할 것이다.

U.S.History

8교시 수업

U.S.History 미국사

8교시 수업은 미국사입니다. 미국은 건국 후 200년 만에 세계 제일의 대국이 되었지요. McCurrach 선생님은 이번 수업에서 미국이 건국하게 된 경위를 알기 쉽게 설명합니다. 이 수업을 들으면 미국이 왜 '자유'(특히 종교의 자유)와 '평등'을 고집하는지, 왜 '전쟁에 이겨서 쟁취한 승리와 자유'를 중요시 하는지 조금은 알 수 있을 겁니다. 미국 자체가 예전에 영국과 전쟁을 치루고 승리하여 자유를 얻은 나라입니다.

수업 중에 Middle Colony와 South가 나오는데, 이는 현재의 중서부와 남부를 가리키는 것이 아니라는 점에 주의하세요. 미국 건국 당시 대부분의 주민은 동해안의 뉴잉글랜드 지방에서부터 뉴욕, 버지니아에 이르는 지역에 살았기 때문에, Middle Colony는 지금의 뉴욕, 펜실베이니아, 뉴저지, 델라웨어 지역을, South는 메릴랜드와 버지니아 주변을 가리킵니다. 현재의 중서부 지역과 남부에 정착민이 이동한 것은 더 후의 일입니다.

The Beginning of the United States of America
미국의 기원

Teacher : McCurrach

Step 01
Vocabulary

8교시 미국사 수업에 꼭 필요한 단어와 용어입니다.
먼저 예습을 열심히 한 후 수업을 들으세요.

Part 1

○ **abundance** [əbʌ́ndəns]	풍부, 다수
○ **contemplate** [kɑ́ntəmplèit]	심사숙고하다, 응시하다
○ **directive** [diréktiv]	지휘, 지휘하다
○ **exodus** [éksədəs]	출발, 출국
○ **fanatic** [fənǽtik]	열광적인, 광신자
○ **heritage** [héritidʒ]	세습재산, 유산, 전통
○ **inhabit** [inhǽbit]	~에 살다, ~에 존재하다
○ **isolate** [áisəlèit]	고립시키다, 격리하다
○ **mass** [mǽs]	덩어리, 집단, 다수, 대부분
○ **migration** [maigréiʃən]	이주, 인구이동, 이주자
○ **minister** [mínəstər]	(프로테스탄트 교회의) 성직자, 목사, 대사, 공사
○ **negate** [nigéit]	무효로 하다, 부정하다, 취소하다
○ **passage** [pǽsidʒ]	통행, 이동, 통로, 항로
○ **perish** [périʃ]	죽다, 사라지다, 부패하다
○ **persecution** [pə̀:rsikjú:ʃən]	(종교적인) 박해, 학대
○ **practice** [prǽktis]	실행하다, 종교를 실천하다
○ **preach** [prí:tʃ]	설교하다, 전도하다
○ **priest** [prí:st]	(가톨릭, 영국 국교회의) 성직자, 목사, (다른 종교의) 승려
○ **Puritan** [pjúərətn]	청교도(퓨리턴)
○ **Quaker** [kwéikər]	퀘이커 교도
○ **reign** [réin]	통치, 지배, 군림
○ **remnant** [rémnənt]	나머지의, 나머지, 자취
○ **retain** [ritéin]	보유하다, 유지하다

○ **ruler** [rúːlər]	통치자, 지배자
○ **spectacle** [spéktəkl]	광경, 구경거리, 장관
○ **separatist** [sépərətist]	분리주의자, 이 수업에서는 영국 국교회에서 나온 분리파
○ **settlement** [sétlmənt]	정주, 정착, 식민
○ **settler** [sétlər]	이주자, 개척자
○ **steady** [stédi]	확고한, 안정된, 끊임없는
○ **stream** [stríːm]	흐름, 개천, (사람 등의) 물결
○ **toleration** [tὰləréiʃən]	관용, 묵허, 종교의 자유
○ **transpire** [trænspáiər]	증발하다. 일이 알려지다, (사건이) 일어나다
○ **tribe** [tráib]	부족
○ **ultimate** [ʌ́ltəmət]	최후의, 궁극의, 근본적인
○ **upheaval** [ʌ̀phíːvəl]	대변동, 동란, 들어 올림
○ **upstart** [ʌ́pstὰːrt]	갑자기 출세한 사람, 갑자기 나타나다
○ **voyage** [vɔ́iidʒ]	여행(하다), 항해(하다)
○ **whip** [wíp]	채찍질하다, 채찍
○ **firm hand**	여기에서 hand는 '지배', '관리', '권력'의 의미이다.
	firm hand는 '엄격하게 단속하다 또는 관리하다'는 의미
○ **the Catholic Church**	가톨릭 교회
○ **the Church of England**	영국 국교회

8 교시

Part 2

○ **ally** [əlái]	동맹하다
○ **backbreaking** [bǽkbrèikiŋ]	몹시 힘든
○ **bond** [bánd / bɔ́nd]	이 수업에서는 '유대'
○ **dread** [dréd]	대단히 무서운
○ **fertile** [fə́:rtl / fə́:rtail]	비옥한, 다산인
○ **molasses** [məlǽsiz]	당밀, 당액
○ **plantation** [plæntéiʃən]	대농원
○ **predominate** [pridámənèit]	우세하다, 주권을 잡은, 지배력을 요하는
○ **proceeding** [prəsí:diŋ]	~에 선행하는, 앞의
○ **revolt** [rivóult]	반란, 반항
○ **upset** [ʌ̀psét]	뒤집다
○ **uncultivated** [ʌnkʌ́ltəvèitid]	개간하지 않은, 교양 없는, 가꾸지 않은
○ **mother country**	모국
○ **the American Revolution**	미국독립전쟁

숙제

중학교 숙제는 리포트 제출과 프로젝트가 주를 이룬다. 리포트는 교과 담임에 따라 제출방법과 기간, 겉표지 표기 방식 등 양식이 미리 지정되어 있으며, 손으로 쓰지 않고 컴퓨터로 작성해서 제출한다. 프로젝트는 개인 또는 그룹으로 나누어 시행한다.

교과 담임이 숙제를 제출했는지, 기간 내에 제출했는지, 완성도가 어떠한지 파악하는데 이것은 성적을 매기는 중요한 요소로 작용한다. 선생님에 따라서는 제출기간에 내지 않으면 0점 처리를 하는 경우도 있다. 그룹 프로젝트일 경우에는 누구와 팀을 이루는지에 따라 당연히 결과도 달라지는데, 최종적으로는 어떻게 그 내용을 완성해서 프레젠테이션을 했는지로 평가받는다.

수학 숙제에서 가끔 나오는 '1에서 9까지의 숫자를 한 번씩 사용해서 다음 등식의 빈칸을 완성하세요' 와 같은 문제를 한 번 더 꼰 퍼즐식 문제는 성인이 풀기에도 복잡한 경우가 있다. 이때 부모님이나 형제, 친척, 아는 사람 등을 총동원하여 답을 구한 경우와 '여기까지 혼자 생각해 봤는데 답은 구하지 못했다' 와 같이 본인이 혼자 힘으로 풀려고 노력한 경우가 있는데, 성적은 전자가 더 높게 평가받는 경향이 있다. 생각해 볼 수 있는 모든 수단을 모두 이용했다는 점이 평가를 받는데, 결과를 중요시하는 문화에서 나오는 사고방식이라 볼 수 있다.

Step 02
Listen & Write

McCurrach 선생님의 8교시 미국사 수업은 다음과 같은 순서로 진행됩니다. CD를 통해 수업을 들으면서 오른쪽 페이지에 핵심 단어와 표현들을 메모해 보세요.

Part 1

● 콜럼버스가 발견하기 전의 미국 대륙

우선 콜럼버스가 발견하기 전의 미국 대륙은 어떤 모습이었는지 설명합니다.

● 신대륙으로 이주

그 다음은 유럽에서 신대륙(미국)으로 이주가 시작되고, 그것이 가속화되어 가는 배경에 대해 설명합니다.

● America의 유래

America라는 이름의 유래와 미국으로 이주하는 이유에는 종교의 자유와 크게 관련되어 있다는 설명을 합니다.

● 퀘이커 교도

독특한 신념과 생활양식을 가진 퀘이커 교도에 관해 설명합니다.

Part 2

● 농업의 토지, 상업의 토지

New England, Middle Colony, South 등 각 지역의 독자적인 산업이 탄생한 배경에 대해 설명합니다.

● 독립전쟁의 과정

독립전쟁을 하게 된 역사적인 배경을 시간 순서에 따라 알기 쉽게 설명합니다.

Dictation

Part 1

- 콜럼버스가 발견하기 전의 미국 대륙

- 신대륙으로 이주

- America의 유래

- 퀘이커 교도

Part 2

- 농업의 토지, 상업의 토지

- 독립전쟁의 과정

Step 03
Listen & Check

McCurrach 선생님이 설명한 미국사 수업 내용의 핵심입니다. 핵심 내용을 바탕으로 CD를 들으면서 수업 내용을 파악하세요.

Part 1

● 콜럼버스가 발견하기 전의 미국 대륙

McCurrach 선생님은 우선 미국 대륙이 콜럼버스가 발견하기 전에는 어떤 모습이었는지 설명합니다. 유럽의 식민 통치가 시작되기 전에 북미대륙에는 주로 원주민 인디언들이 살고 있었는데, 그 수는 700만에서 1000만에 이르렀다고 추측됩니다. 북미, 중미, 남미 모두 합치면 약 6000만에서 7000만 명이 살고 있었는데, 이는 당시 유럽 인구와 필적할 만한 숫자입니다.

* 숫자는 Out of Many-A History of the American People Vol. 1(Prentice Hall 간행)에서 인용.

● 신대륙으로 이주

다음으로 선생님은 유럽에서 신대륙(미국)으로 이주가 시작되고, 점점 가속화되어 가는 배경에 대해 설명합니다. 사람들이 신대륙으로 이주하는 데에는 몇 가지 이유가 있었는데, 주된 이유는 영국의 종교 상황 변화와 특정 종교 그룹에 대한 박해 때문이었습니다. 영국이 가톨릭 교회로부터 이탈, 영국 국교회 설립, 새로운 프로테스탄트 종교의 발흥 등 16세기 후반에서 17세기 사이의 영국은 종교에 관한 커다란 변화가 끊임없이 일어났습니다. 안심하고 살 수 있고, 자신의 신앙을 실천할 수 있는 땅을 꿈꾸고 있던 새로운 신앙을 가진 사람들은 '신대륙'의 소문을 듣고서는, 길고 험하며 위험한 항해를 무릅쓰고 바다로 나와 이주의 길을 떠났습니다.

● America의 유래

이미 알고 있는 사람도 있겠지만, America라는 이름은 미국 대륙을 Mundus Novus(신세계)라고 이름 붙인 이탈리아의 유명한 탐험가 아메리고 베스푸치의 이름에서 따 온 것입니다. 주로 영국에서 온 초기 정착민들이 정착한 지역에는 New England(새로운 영국)라는 이름이 붙었습니다. 이는 자신들이 신천지에서 새로운 나라를 만들겠다는 의욕을 나타낸 것이지요. 이들은 모국에서 박해를 피해 이주해 온 사람들이기에 자유로운 생활을 매우 중요시 여겼습니다. 또 황폐한 토지를 개척해 가기 위해서는 모든 사람들이 일을 해야 하므로, 모국에서 통용했던 계급이나 특권은 신대륙에서는 의미가 없었습니다.

● 퀘이커 교도

신세계로 이주해 온 많은 정착민들이 처음에는 New England에 정착했는데, 그 후에 넘어온 사람들은 New England의 남쪽 지역에 정착하고 그 지역을 Middle Colony라 불렀습니다. Middle Colony에 정착한 사람들은 퀘이커 교도의 인솔을 받는 사람들로, 퀘이커 교도는 청교도와는 다른 신념을 갖고 있었으며 영국에서 받는 박해를 피해 신천지로 건너온 사람들입니다. 퀘이커 교도는 간소한 생활, 평화주의, 교육에 대한 열정 등으로 알려져 있는데, 유명한 퀘이커 교도 중에는 펜실베이니아 이름의 유래가 되기도 한 윌리엄 펜이 있습니다.

Step 03

McCurrach 선생님이 설명한 미국사 수업 내용의 핵심입니다. 핵심 내용을 바탕으로 CD를 들으면서 수업 내용을 파악하세요.

Part 2

● 농업의 토지, 상업의 토지

그룹 학습 후에는 Part 2를 합니다. New England, Middle Colony, South 지역은 각각 서로 다른 특징을 갖고 있습니다. 그래서 그 특징에 따라 각 지역의 독자적인 산업이 탄생했습니다. 북부의 New England의 토지는 농업에 적합하지 못해 사람들은 어부나 선원, 배 건축사나 상인 등이 되었습니다. Middle Colony는 토지가 비옥하여 스스로 작물을 재배하는 농업이 주류를 이루었습니다. South도 토지가 비옥하여 농업에 적합했는데, Middle Colony와는 달리 쌀이나 담배, 면 등 광대한 재식농업과 많은 노동력을 필요로 하는 작물 농업이 주가 되었습니다. 이것이 후에는 아프리카의 노동력 수입, 즉 노예제도로 이어집니다.

● 독립전쟁의 과정

많은 정착민들의 모국인 영국과 미국은 오랜 세월 우호관계에 있었습니다. 이 관계에 변화를 가져온 계기가 된 것이 바로 신대륙에서 영국과 프랑스가 주권을 둘러싸고 싸운 The French and Indian War(프렌치 인디언 전쟁)이었습니다. 영국이 인디언과 동맹을 맺고 프랑스와 싸웠기 때문에 The French and England War가 아니라 The French and Indian War라고 부릅니다. 영국은 전쟁에서 승리하기는 했지만 전쟁을 하는 동안 지출이 막대하였기 때문에 그 지출을 신대륙의 주민에 대해 세금징수라는 형태로 벌충하려고 했습니다. 미국 주민들은 영국 정치에 관한 발언권은 전혀 없으면서 일방적으로 세금만 징수하는 불공평한 입장에 놓이게 되었습니다. 미국에서 이미 독자적인 정치 시스템과 경제를 확립했음에도 멀리 떨어져 있는 영국 왕에게 계속 지배를 받아야 하는 입장이 되어, 결국 마지막에는 독립을 하기 위한 전쟁이 일어납니다.

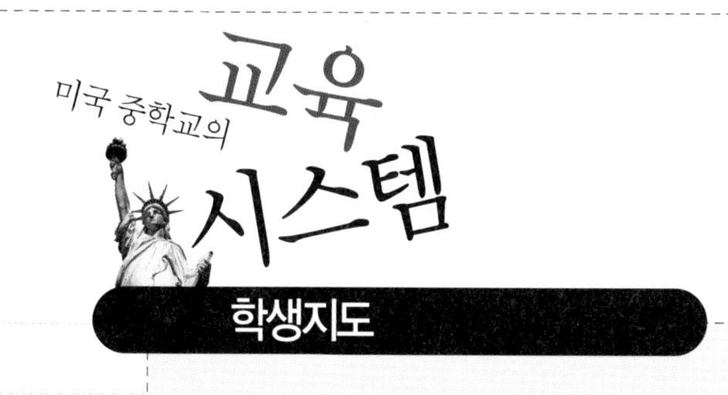

미국 중학교의 교육 시스템

학생지도

미국에서는 '치안과 교육은 사는 것이다' 라는 말들을 하는데, 교육수준이 높은 학교구는 대체로 땅값이 비싸고 치안도 좋은 편이다. 초등학교의 교육수준이 높은 지역은 비교적 쉽게 찾을 수 있지만 여러 초등학교에서 몰리는 중학교, 시내 여러 곳에서 모이는 고등학교, 고학년이 되어도 높은 수준을 유지할 수 있는 학교구를 찾는 일은 힘들다. 이 때문에 초등학교뿐 아니라 중학교, 고등학교까지 교육수준이 높은 지역은 특히나 부동산 가격이 높게 평가되고 있다. 미국에서는 1990년 후반 이후 부동산 가격이 계속 상승하고 있어 이러한 지역은 특히나 집값이 주위와 비교해 상당히 높은 편이다. 아이에게 좋은 교육을 받게 하기 위해서는 공립학교에 보내도 사립학교 수업료와 별 차이 없는 고액의 비용이 필요하다.

수준 높은 학교구가 인기 있는 이유는 대학입시를 전망한 성적향상의 문제만은 아니다. 중학교, 고등학교로 올라가면 공부보다는 놀고 싶고, 남에게 피해를 주며, 마약, 임신, 자살 등의 문제되는 행동이 일어나기 때문에 주위의 환경, 친구들에게서 받는 영향 등에게도 민감해지지 않을 수 없다.

의무교육기간 중에 학생에게 이러한 문제행동이나 심신의 병, 환경의 적응하지 못하는 등, 학교생활을 계속하기 곤란한 경우에는 학교와 부모가 연락을 취해 바로(2주 이내가 기준) 대책을 강구해야만 한다. 적절한 조치가 취해지지 않았다고 판단되는 경우, 최악에는 학교구에 대응부족으로 인한 인권침해, 또는 부모의 학대로 간주되어 고소될 가능성도 있다.

또, 선생님의 "내일은 시험이 있습니다" 라는 통보에 학생이 "아, 죽겠네" 라는 말을 하는 경우가 있지요? 한국에서는 그냥 흘려들을 수도 있지만, 미국에서는 이 학생에게 '자살의 위험성' 이 있다고 해서 바로 학교측에 보고하고 부모에게 연락한다. 학생은 학교 카운슬러와 면접 및 정신과 의사의 진단을 받아 안전하다고 판단되기 전까지는 집에 돌아가지 못한다. 기독교 문화를 배경으로 하고 있기 때문에 죽음을 쉽게 말하지 않는 습관을 가지고 있는 것도 이유 중에 하나이겠지만 학생을 보호하기 위해 철저한 대책을 취하는 표시이기도 하다.

Step 04
Listen & Review

McCurrach 선생님이 설명한 미국사 수업 스크립트와 해석입니다. CD를 통해 수업을 들으면서 단어 하나, 표현 하나까지 확인해가며 다시 한 번 집중해서 들어보세요.

Track 30

The Beginning of the United States of America

Part 1

❶ Today class, we're going to talk about the beginning of the country known 'round the world as America. Let's begin by imagining what the American Continent was like before European **settler**s arrived.

❷ The great American Continent, stretching some 2,700 miles between the Atlantic and the Pacific oceans, guarded the American land **mass** from outsiders for thousands of years. In the beginning, the land was sparsely **inhabit**ed by **tribe**s of native Indians as well as those **isolate**d foreigners, who almost certainly wandered across land **mass**es that were once connected. The real **migration** didn't start until America's discover by a Portuguese explorer, Christopher Columbus, who found the land in 1492. He had been looking for a **passage** to India, had gone West as planned, but then didn't realize that the Continents of North and South America stood in his way.

❸ After Columbus, more ships began arriving, although not in any real volume until the **reign** of Elizabeth I of the England. It was her Father, Henry VIII, who had established a new **Church of England** as a result of a dispute with **the Catholic Church**. It would prove to be the beginning of church **upheaval**s that would result in a **steady stream** of English native born leaving their country for the shore of America.

❹ After Elizabeth, who died in 1603, the new **ruler**, James VI, would witness the start of a new group of religious **fanatic**s who called themselves **Puritan**s. They believed that **The Church of England** **retain**ed too many **remnant**s of its former Catholic **heritage**. James was able the largely keep the much **firm**er **hand** against the **Puritan** **upstart**s. He further deepened the religious divisions by appointing a church leader known primarily for his persecutions.

미국의 기원

Part 1

❶ 여러분, 오늘은 세계에 미국이라는 이름으로 알려져 있는 이 나라의 기원에 대해 이야기 하겠습니다. 우선 먼저 유럽 정착민들이 오기 전에 미국 대륙은 어떤 곳이었는지 생각해 볼까요.

❷ 광대한 미국 대륙은 대서양과 태평양 사이에 2,700마일에 걸쳐 펼쳐져 있으며, (이 대양들이) 수천 년 동안 다른 지역 사람들로부터 미국 대륙을 지켰습니다. 당시 이 대륙에는 인디언 부족들, 그리고 예전에는 연결되어 있던 대륙을 건너 온 것으로 보이는 일부 외국인들이 드문드문 살고 있던 땅일 뿐이었습니다. 본격적인 이민은 1492년에 포르투갈인 탐험가 크리스토퍼 콜럼버스가 미국 대륙을 발견한 후에 시작되었습니다. 그는 인도로 가는 항로를 찾으려는 계획대로 포르투갈을 떠나 서쪽으로 향했는데, 그 항로 중에 남북 아메리카 대륙이 그 사이에 있었던 사실을 알지 못했습니다.

❸ 콜럼버스가 미국 대륙을 발견한 후에 더 많은 배들이 찾아 왔는데, 그 수가 본격적으로 늘어난 것은 영국 엘리자베스 1세 시대 이후입니다. 그녀의 아버지인 헨리 8세는 가톨릭 교회와 논쟁을 벌인 후 영국 국교회를 설립했습니다. 이것이 교회의 전란이 되어 영국 사람들은 차츰 끊임없이 미국의 해변을 향해 자신의 나라를 떠나는 결과가 되었습니다.

❹ 1603년에 엘리자베스 여왕이 죽은 후, 새로운 통치자가 된 제임스 6세는 자신들을 퓨리턴이라 부르는 새로운 종교집단과 그 열광자들의 등장에 당면합니다. 퓨리턴은 영국 국교회가 이전의 가톨릭의 전통을 지나치게 존속시키고 있다고 생각했습니다. 제임스 6세는 갑작스럽게 등장한 퓨리턴을 엘리자베스 1세보다 훨씬 더 엄격하게 단속했습니다. 또 퓨리턴을 박해한 것으로 알려진 인물을 영국 국교회의 지도자로 임명하여, 영국 국교회와 퓨리턴 종교 사이의 불화를 더 심화시켰습니다.

Step 04

Track 31

⑤ He denied them the right to preach or publish and often had their writings burned and their bodies **whip**ped at public **spectacle**s. We need to understand that events are now going to **transpire** very quickly. Stories had circulated about a wonderful new place across a big ocean, a new land of **abundance** and opportunity. Hundreds of years later, indeed even today, many still look upon the American Continent as the **ultimate** land of opportunity. Yet, back in the days of Charles I, the real motivation was religious freedom. The **exodus** would soon begin!

⑥ The principal departures took place between the years 1630 and 1643 and came to be called The Great **Migration**. Amazing when one **contemplate**s the fact that within the space of some thirteen years a total of 21,000 people left England on some 200 ships primarily hoping to practice their own religion. So strong was their need that they were willing to travel across an unfriendly sea in wooden ships while crowded into small living spaces. Many would **perish** at sea. Yet, they kept coming, so that by 1763, the population of the new land would reach 1.5 million.

⑦ The new colonists would instantly become American! I think you already know why this land is called America. European geographers named the continent in the 16th century honoring that famous explorer, Amerigo Vespucci, who came from Florence and who **voyage**d to the Caribbean in the 15th century and called this continent, 'Mundus Novus,' or 'New World.'

⑧ Those who had survived were proud and happy to have completed their trip under extreme hardship. The early arrivals were largely from England and, indeed, named thief first **settlement**s, New England. They spoke a common language and, for the most part, had a common political background. They insisted on freedom of choice in all matters and the hardships in the early **settlement**s tended to **negate** class divisions.

⑤ 제임스 6세는 퓨리턴의 설교와 출판의 권리를 부정했으며, 그들의 저서를 불태우고 사람들 앞에서 그들을 채찍질하기도 했습니다. 여기에서 우리는 사태가 급격하게 진전되고 있다는 사실을 이해해야 합니다. 크고 넓은 바다 저쪽 편에 있는 멋진 신천지에 관한 이야기—풍요롭고 기회가 많은 새로운 땅에 관한 소문—가 퍼졌습니다. 수백 년 후인 지금에도 많은 사람들이 미국 대륙을 기회가 많은 궁극의 토지라고 생각합니다. 찰스 1세 시대에 미국에 이민하는 진짜 동기는 종교상의 자유였습니다. 이제 곧 대이동이 시작됩니다!

⑥ 영국을 떠나는 출국이 최초로 가장 붐빈 것은 1630년부터 1643년 사이에 일어났는데, 이 시대를 대이동시대라 부릅니다. 약 13년 사이에 2만 1,000명의 사람이 주로 그들의 종교를 자유롭게 실천하기 위해 200척의 배를 타고 영국을 떠났다는 사실은 놀랍습니다. 종교의 자유를 얻을 수 있다는 생각이 상당히 강했던 나머지, 그들은 비좁은 공간에 붐비는 목조 배에 뛰어 올라 황량한 바다를 건너는 여행을 기뻐하며 떠났습니다. 항해 중에 많은 사람들이 죽었습니다. 그래도 그들은 계속해서 미국을 향해 갔고, 1763년에는 신대륙의 인구가 150만에 달했습니다.

⑦ 이러한 새로운 정착민들은 바로 미국인이 되었습니다! 여러분은 이 대륙을 미국이라 부르는 이유를 이미 알고 있으리라 생각합니다. 15세기에 플로렌스를 떠나 카리브해를 항해하던 중 이 대륙을 Mundus Novus(신세계)라고 명명한 유명한 탐험가 아메리고 베스푸치의 명예를 기리기 위해, 유럽의 지리학자들이 16세기에 이 대륙을 '아메리카'라 이름 붙였습니다.

⑧ 신대륙의 항해에서 살아남은 사람들은 가혹한 항해를 끝까지 마친 것을 자랑스럽게 생각하며 또 한 번 기뻐했습니다. 초기 정착민들은 주로 영국에서 왔기 때문에, 그들의 최초 정착지를 New England(새로운 영국)라 이름 붙였습니다. 그들은 공통적인 언어로 이야기를 하였고, 대부분의 사람들이 공통된 정치적 배경을 갖고 있었습니다. 그들은 모든 사물에 대해 선택의 자유를 주장했고, 식민지 초기의 힘든 생활에서 계급은 무의미하게 되었습니다.

Track 32

⑨ In addition to the groups settling in New England, there were, beginning in 1664, new **settlement**s in what came to be known as Middle Colonies such as New York, Pennsylvania, New Jersey and Delaware. This was a more varied group of religious people led by those knows as **Quaker**s. They believed that all human beings could experience the good life as a personal **directive** from God. Thus, there was no need for **minister**s or **priest**s. **Quaker**s were even more persecuted in Europe than the original English **Separatist**s and, as a result, believed more strongly in **toleration**. Between the years of 1600 and 1685 some 80,000 people of mostly Dutch descent arrived in Pennsylvania.

⑩ Now, we'll take a short break, students. And you should form groups of 4 or 5 and answer questions, No. 1, 2 and 4 in page 56 together. Write the answers down on a paper and submit it in 10 minutes.

미국 독립전쟁과 관련된 용어를 좀더 살펴볼까요.

Boston Massacre 보스턴 학살사건

Boston Tea Party 보스턴 차사건

Common Sense 〈커먼 센스〉 Thomas Paine(토머스 페인) 저. 1776년 발행. 영국의 제도와 조지 3세를 비난한 책으로, 미국에서 독립전쟁 당시 베스트셀러가 되어, 미국 시민이 모국과의 관계를 다시 고려하여 독립전쟁에 찬동하는 계기가 되었다.

Continental Congress 대륙 회의(독립전쟁에 앞장서 결성된 미국 의회)

Declaration of Independence 독립선언

Loyalists 지지자, 충성을 맹세한 사람들

Liberty Bell 독립선언이 서명된 필라델피아의 State House(Independence Hall)에 있는 종. 독립선언의 서명과 연합 규약의 승인 등 역사적인 달성이 이루어졌을 때 이 종을 울렸다고 한다.

⑨ 뉴잉글랜드에 정착한 그룹에 이어 1664년 이후에는 새로운 정착민들이 뉴욕, 펜실베이니아, 뉴저지, 델라웨어 등 후에 중부 식민지라 불리는 지역에 정착하였습니다. 이들은 퀘이커라 부르는 사람들이 인솔하였으며 다양한 사람들로 구성된 그룹이었습니다. 그들은 모든 인간이 신의 지도에 개인적으로 따라야 좋은 인생을 보낼 수 있다고 믿었습니다. 그 때문에 그들은 목사나 사제는 필요하지 않다고 생각했습니다. 퀘이커 교도는 영국에서 당시의 영국 국교회로부터 독립한 파에게도 더한 박해를 받았기 때문에, 그 결과 종교에 대한 관용—종교의 자유—을 굳게 믿게 되었습니다. 1600년부터 1685년 사이에 주로 네덜란드인으로 구성된 8만 명이나 되는 사람들이 펜실베이니아에 정착했습니다.

⑩ 그러면 여러분, 이쯤에서 잠깐 쉬는 시간을 갖죠. 4, 5명씩 그룹을 만들어 56페이지의 문제 1, 2, 4번에 대답해 보세요. 종이에 답을 써서 10분 후에 제출하세요.

Sugar Act 사탕조례

Stamp Act 인지조례

Tea Act 차조례

The Articles of Confederation 연합규약

Treaty of Paris (미국 독립전쟁의) 파리 강화 조약. 1783년 9월에 베르사이유에서 조인되었다. 파리 조약에는 이밖에도 1763년 조약(7년 전쟁과 북미대륙의 프렌치 인디언 전쟁의 종결), 1815년 조약(나폴레옹 전쟁의 종결) 등 몇몇 조약이 있으므로 주의.

Step 04

Track 33

Part 2

⑪ OK, let's continue with a story of early America. America in those first years was largely a land of farmers. There were no industrial cities and little beyond **uncultivated** land; indeed, unlimited quantities of land! In New England, however, the soil was not very good for farming and, thus, the new arrivals turned their attention to the sea. Most became fisherman, sailors, ship builders and merchants. It was a very different story in the Middle Colonies, however. The soil there was very **fertile** and farming **predominate**d. The majority were small farmers who could tend their land with little outside help.

⑫ There was another region in early America called the South, which was south of the Middle Colonies and included places such as modern day Maryland or Virginia. The soil in the South was very **fertile** and, not like that in the Middle Colonies. Big **plantation**s grew major crops of rice, tobacco, and cotton. These very big spaces, combined with warm weather, and '**backbreaking**' field work, would lead to the importation of black-skinned slaves. This practice of importing slaves would eventually lead to a civil war in the United State.

⑬ We must understand that in the years **proceeding** the start of the **American Revolution**, the country was largely a happy land. We should emphasize that most Americans felt a strong **bond** to the '**Mother**' **countries** such as England or France or the Netherlands. They did not want to **upset** their comfortable, generally easy life. However, there were certain circumstances taking place that would lead to the war.

⑭ Make note of the fact that France and Britain had fought a war from 1755 to 1763 on the great American Continent. It was called the French and Indian War, because the British **allied** themselves with the Indians. It would result in an English victory, and England became the only real power in America.

Part 2

⑪ 그러면 초기 아메리카에 대한 얘기를 계속하지요. 이러한 초기 시대에 아메리카는 주로 농업 국가였습니다. 산업 도시가 아닌 미개척지와 같은 토지였습니다. 끊임없는 광활한 토지가 펼쳐져 있었습니다! 그런데 뉴잉글랜드에서는 토양이 농업에 적합하지 않아 새로운 정착민들은 바다로 눈길을 돌렸습니다. 많은 사람들이 어부나 선원, 배 건축사, 상인이 되었습니다. 그런데 중부 식민지는 상황이 달랐습니다. 중부 식민지는 토양이 매우 비옥하여 농업이 우세였습니다. 그들의 대다수는 소규모의 농지를 갖고 있는 농민으로, 다른 사람의 도움을 받지 않고 자신의 농지를 돌볼 수 있었습니다.

⑫ 초기 아메리카에서는 남부라 부르는 지역이 또 한 곳 있었는데, 이곳은 중부 식민지의 남쪽 지역으로 메릴랜드나 버지니아가 이곳에 있습니다. 남부 토양은 매우 비옥한데, 중부 식민지와는 달랐습니다. 규모가 큰 농장으로 쌀이나 담배, 면 등을 재배했습니다. 이 거대한 농장에는 따뜻한 기후, '몹시 힘든' 힘겨운 작업이 함께 맞물려, 후에 검은 피부의 노예를 수입하기에 이른 것입니다. 그리고 이 노예 수입이 결국에는 미국 남북전쟁을 일으키게 되었습니다.

⑬ 미국 독립전쟁에 앞선 시대에 이 나라는 기본적으로 행복한 땅이었습니다. 많은 미국인들이 영국이나 프랑스, 네덜란드와 같은 그들의 모국에 강한 유대감을 느끼고 있었다는 사실을 기억해야만 합니다. 그들은 기분 좋고, 대체로 편안한 생활이 전복되길 원하지 않았습니다. 하지만 독립전쟁으로 이어지는 몇 가지 사건이 발생했습니다.

⑭ 1755년부터 1763년에 걸쳐 프랑스와 영국이 미국 대륙에서 전쟁을 했습니다. 이 전쟁은 영국이 인디언과 동맹을 맺었다고 해서 프렌치 인디언 전쟁이라고 부릅니다. 이 전쟁은 영국의 승리로 끝나, 영국이 아메리카의 유일한 지배국이 되었습니다.

Step 04

Track 34

⑮ However, the war against the French had been costly for the British, and now the country needed to finance a new source of income. And thus we arrive at the **dread** word, TAXES!

⑯ For the British, the American colonies were the only logical source of new money. For the colonists, however, it signified taxation without any say in the matter. And that represented a threat to all the freedoms they had worked so hard to establish. One often wonders what might have happened had England not needed to raise funds. Would the colonies have **revolt**ed had the British been more reasonable and been willing to negotiate? We will never know the answer to that and many other questions.

⑰ However, you could say that the revolution was probably going to happen at some point. The 18th century had arrived at the time of those new taxes on **molasses**, newspapers, and tea. That meant that over a hundred years had passed since the earlier **migration**. New social, political and economic conditions that were purely American had come into being. America and England had grown so far apart, that in most ways they could no any longer honestly communicate beyond a common language. In short, when the English nation tried to act the 'Mother,' the child had long since 'left the nest.' So war would arrive and a new Nation would be born.

⑮ 그런데 프랑스와 치른 전쟁에서 영국은 막대한 경비를 지출했기 때문에 새로운 수입원이 필요하게 되었습니다. 그리고 그 공포의 단어인 '세금' 이라는 단어가 들이닥치게 된 것입니다!

⑯ 영국에게는 필연적으로 식민지인 미국이 유일한 새로운 재원이었습니다. 하지만 정착민들에게는 이 사건에 관해 아무런 발언권도 없는 상태의 과세를 의미했습니다. 즉 그들이 정말로 고생해서 확립한 '자유' 에 대한 위협을 의미했습니다. 사람들은 때로 만약 영국이 자금을 모을 필요가 없었다면 어떻게 되었을까 상상을 합니다. 만약 영국이 좀더 분별력이 있어서 미국과 교섭을 할 마음이 있었다면, 식민지인 미국에서 반란이 일어났을까요? 우리는 이 질문도 그리고 다른 많은 질문에 대해서도 절대 답을 알 수 없겠지요.

⑰ 하지만 그 혁명(독립전쟁)은 아마도 어떤 시점에서인가는 반드시 일어났다고 할 수 있습니다. 18세기는 당밀과 신문, 홍차 등에 대한 새로운 세금과 함께 시작되었습니다. 그 때는 초기 이민이 시작하여 이미 100년 이상이 지났을 때입니다. 새롭고 순수하게 미국적인 사회, 정치, 경제가 생겼습니다. 미국과 영국은 많은 사항에서 너무나 다른 방향을 향해 갔기 때문에, 공통의 언어(영어)를 갖고 있다고 해도 이미 그 이상의 솔직한 대화를 나누는 일은 실제로 불가능할 정도로 되어버렸습니다. 간략하게 이야기하면, 영국이 '어머니' 의 태도를 취하려고 할 때, 그 아이(미국)는 훨씬 이전에 이미 둥지를 떠난 것입니다. 이렇게 하여 전쟁이 일어나고 새로운 국가가 탄생한 것입니다.

주) 이 수업 내용은 McCurrach 선생님의 관점으로 이루어진 것입니다. 같은 시대에 대해 다른 역사적인 견해도 있으며, 모든 미국 역사 수업에서 같은 해석으로 가르치는 것은 아닙니다.

Homework

■ 다음 질문에 영어로 답을 하세요.

❶ What year did Columbus find the American continent?

❷ The United States of America declared independence from England in 1776. Who was the King in Korea in 1776?

❸ How many people signed the Declaration of Independence?

❹ Was George Washington one of them?

❺ What was the name of the army of the United States that George Washington led which fought against England?

여러분, 이 수업을 통해 미국 역사에 대해 자신이 생겼지요.

운동습관과 식생활 개선

최근 미국에서는 국민들의 비만을 초래한 생활습관병이 증가하여 커다란 사회적 문제가 되었다. 비만은 이미 어렸을 때부터 시작되므로 아이들의 식생활 개선과 운동을 하는 습관을 들이는 지도가 주목을 받게 되었다.

캘리포니아 주에서는 주정부의 조사를 통해 각 학교의 체육 선생님 수와 수업시간이 부족하다는 사실을 파악하여, 주에서 각 학교구에 체육 수업시간을 확보할 것을 촉구하는 지도가 이루어졌다. 그 결과 2006년 이후에는 체육 수업시간이 대폭으로 증가하여, 학교에 따라서는 매일 체육 수업시간에 1마일(약 1600m)을 달리고 시간을 재는 등 개선을 보이고 있다.

식생활 개선에 관해서는 학교 내 정크 푸드 판매를 줄이는 운동도 일어나고 있다. 학교 내에서 탄산음료를 판매하지 않고, 과자 자동판매기 철거 등의 대책과 함께 기업의 아이디어로 자동판매기에서 판매하는 식품에 건강도를 알 수 있는 표시를 하는 등의 시도도 이루어지고 있다. 샌프란시스코 베이에이리어 지역의 몇몇 학교구에서는 이미 학교 내에서 자동판매기를 모두 철거하였다.

비만에 따른 생활습관병 증가에 대한 대책은 하루아침에 이룰 수 있는 것이 아니다. 근본적인 해결을 위해서는 정부, 국민, 기업이 각각의 입장에서 아이디어를 내고 끊임없이 노력을 해야 할 필요가 있다.

Homework Answers

1교시 English : Literature 영어(문학) (p.32)

❶ *The Adventures of Tom Sawyer*

❷ *Tropic of Cancer*

❸ *The Sun Also Rises*

❹ *The Old Man and the Sea*

❺ *The Murders in the Rue Morgue*

❻ *The Waste Land*

❼ *A Streetcar Named Desire*

❽ *Cat On a Hot Tin Roof*

❾ *The Catcher in the Rye*

❿ *In Cold Blood*

2교시 English : Linguistics 영어(언어학) (p.50)

❶ The supermarket was very crowded.

❷ I'm so exhausted.

❸ It was a bargain to buy 2 CDs for 10 dollars.

❹ You should calm down.

❺ Yesterday's math test was very easy.

3교시 Math : Algebra 수학(대수) (p.68)

❶ $10x-5=35$

❷ $0.65x=63$

❸ $x+(x+35)=105$

❹ $0.85x = 187$ $\quad x = 220$

❺ $1.075x = 161.25$ $\quad x = 150$

4교시 Math : Algebra 수학(대수) (p.86)

❶ $m = \frac{y_2 - y_1}{x_2 - x_1}$

$m = \frac{105}{1500} = 0.07$

7%

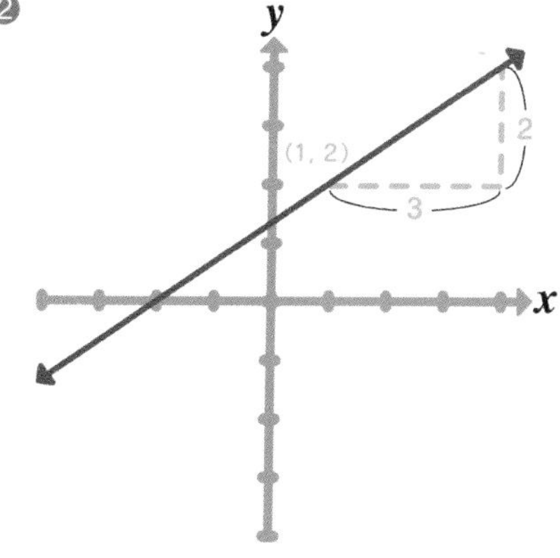

❸ $6 = -4m + 2$

$4m = 2 - 6$

$4m = -4$

$m = -1$

5교시 Life Science 생물 (p.104)

❶ skull

❷ rib

❸ collarbone, clavicle

❹ shoulder blade

Homework Answers

⑤ spine

⑥ vertebra

⑦ hip(hip joint)

⑧ hipbone

⑨ femur

⑩ ulna

⑪ tibia

⑫ fibula

⑬ elbow

⑭ wrist

⑮ knee

⑯ knee joint

⑰ ankle

⑱ ligament

⑲ tendon

⑳ artery

㉑ vein

㉒ heart

㉓ platelets

㉔ red blood cells

㉕ capillaries

6교시 Earth Science 지구과학 (p.122)

❶ ⓖ 2004년
Indian Ocean Earthquake

❷ ⓕ 1995년
Great Hanshin Earthquake

❸ ⓔ 1994년
Northridge, California Earthquake

❹ ⓒ 1964년
Good Friday Earthquake(Great Alaska Earthquake)

❺ ⓓ 1985년
Great Mexican Earthquake

❻ ⓐ 1923년
Great Kanto Earthquake

❼ ⓑ 1960년
Great Chilean Earthquake

7교시 World History 세계사 (p.144)

❶ Greek

❷ Athens

❸ 1829

❹ Turkey

❺ Albania

❻ the maritime industry

❼ the olive

Homework Answers

8교시 U.S.History 미국사 (p.168)

❶ 1492

❷ 정조(조선 제22대 왕)

❸ 56 people

❹ no

❺ the Continental Army

Memo

Memo